# Empresa y Desarrollo Personal

# El zen
# de la venta

Un camino para comprender lo que significa

realmente el proceso de la venta

Stan Adler

**ONIRO**

Título original: *The Zen of Selling*

Publicado en inglés por AMACOM
(American Management Association)

Traducción de Miguel Portillo

Diseño de cubierta: Víctor Viano


Distribución exclusiva:

Ediciones Paidós Ibérica, S.A.
Mariano Cubí 92 – 08021 Barcelona – España
Editorial Paidós, S.A.I.C.F.
Defensa 599 – 1065 Buenos Aires – Argentina
Editorial Paidós Mexicana, S.A.
Rubén Darío 118, col. Moderna – 03510 México D.F. – México

© 1999 exclusivo de todas las ediciones en lengua española:
    Ediciones Oniro, S.A.
    Muntaner 261, 3.º 2.ª – 08021 Barcelona – España
    (e-mail:oniro@ncsa.es)

ISBN: 84-89920-77-X
Depósito legal: B-29.102-1999

Impreso en Hurope, S.L.
Lima, 3 bis – 08030 Barcelona

Impreso en España – *Printed in Spain*

A mamá y papá,
que me dejaron hacer todo lo que quise,
y a Carol, Chris y Jennifer,
que se aseguraron de que lo hiciese.

*No existe principio ni fin.*
*Nuestra experiencia siempre es sólo un pasaje.*

RICHARD STINE

# Índice

# Agradecimientos

A Laurie Harper, mi sagaz agente literario, por defender un libro que sabía que no era simplemente otro libro sobre ventas: gracias por la pericia, la dedicación y el apoyo que hicieron posible este libro.

A Maggie Stuckey, editora personal y gurú a la hora de escribir, que supo aprehender la esencia del libro con una extraordinaria precisión, dio sentido a las historias que no acababan de encontrarlo, convirtió pensamientos en frases, iluminó una espesura de ideas y dio muestras de un cuidado genuino y de una naturaleza generosa que hizo que todo valiese la pena. Sé que eres la mejor en el negocio, pero, todavía más importante, me consta que eres una amiga. Gracias desde el fondo de mi corazón por tus ánimos, talento y paciencia.

A Mary Glenn por decir sí en primer lugar; a mi editor, Hank Kennedy, y a la redactora Ellen Kadin y a toda la demás gente de AMACOM, que se apartaron de su línea habitual para realizar este volumen.

A Jack Adler, mi padre y maestro, el primer escritor de la familia, que me mostró los senderos, las rocas y los reflejos en el lago y que me enseñó cómo alcanzar la orilla y regresar de nuevo. A Lela, mi madre, que me enseñó cómo sonreír y amar suavemente a la vida, que me mostró el significado de la amabilidad, la fuerza interior y las cosas que se pueden aprender al escuchar. A mi hermana Joy, que me ha dado mucho de todo eso..., gracias por ser vosotros.

A Carol, mi esposa, que alentó mis sueños, alimentó pacientemente una carrera y, casi literalmente, también mi vida, y que nunca sabrá lo importante y hermosa que es y siempre será como compañera. A Chris, mi hija, que repara mis sueños cuando éstos se difuminan a la luz del día; que me dio un título de trabajo como si fuese un paso hacia un lugar al que debiese ir. A Jennifer, mi otra hija, que me ofreció sabios consejos y comprensiones sobre cosas que nunca había preguntado pero que siempre necesité saber..., las usaré como algo precioso, con respeto y gratitud. A vosotras tres, queridas, juntas y por separado, gracias por vuestro amor.

A Lawton y Val, Nan, Steve Wiley, Steve Fulk, Bill y Sally, Jeff y Bonnie, Ron y Patti, John Bolton, Patrick Robertson, Bill Meyer, Rick y Dede, George y Ann, y a Morgan Mayfield, por vuestro apoyo y estímulo.

A todos los vendedores que dan las gracias.

A mis maestros y mentores durante el principio: Irving Halperin, Hansje, Ted Bennett, Steve Satterlee (¿dónde vamos cada vez que damos un paso subliminal?), David Smith, Marvin Crowson y Don Vernine.

Y finalmente, a la memoria de Kay Meyers, un buen amigo.

# Introducción

Me gustaría empezar presentando a mi amigo Victor, que desempeña un papel importante en este libro.

Victor nunca ha tenido un negocio ni sido director general, pero ha pertenecido al consejo de administración de media docena de las quinientas empresas que aparecen en la revista *Fortune*, y ha sido responsable de gastar, intercambiar e invertir millones de dólares. Ha ocupado cargos como consejero y consultor para empresas globales y líderes políticos, ha creado precedentes diplomáticos, facilitado acuerdos comerciales y defendido la ecología como cuestión empresarial. Ha aparecido varias veces en las portadas de las más importantes publicaciones de noticias del mundo.

En el transcurso de sus viajes y logros, Victor ha adquirido refinados y exóticos gustos. Si Victor lo conduce, lo bebe o lo lee, entonces, probablemente, es que eso merece nuestro respeto. Victor es algo mayor que yo, pero existe algo atemporal y sempiternamente joven en él. Es la persona más inteligente que conozco, y la más sabia.

Victor siempre ha sentido fascinación —algunos la denominan obsesión— por la venta de cosas, tangibles o intangibles, y por el trato con las personas, todo tipo de personas. Me siento afortunado al ser su amigo, y no obstante tiene el don de hacerme sentir como si fuese yo el que le otorga dicha amistad. Ése es el sello del vendedor y comunicador nato que él es. Su habilidad para estar abierto a nuevas experiencias, descubrir nuevas y refrescantes percepciones y compartir su amor por la vida es su mayor gozo.

Cuando mi hija era adolescente, una vez describió a Victor como «una especie de sabio estirado».

Estuve de acuerdo, pero también añadí en tono defensivo:

—Pero no es remilgado.

—Ah, no —replicó ella—, es enrollado.

Victor se rió de la descripción que de él hizo mi hija, pero estaba claro que le había gustado. Me gustaría transmitir mi agradecimiento especial a Victor —una «especie de enrollado sabio estirado»— por guiarme a lo largo de los años y por tomarse el tiempo para ser una parte fundamental de este libro.

Victor posee una habilidad para desenredar temas complejos y llegar hasta su esencia. Recuerdo con cariño una conversación telefónica durante la cual le expliqué algo respecto al seminario de ventas que acababa de dar. Creo que le estaba haciendo una más bien grandilocuente exposición acerca de modificar radicalmente los arquetipos comerciales y encontrar una manera de comunicar el proceso de venta de manera más directa.

En un momento dado de la conversación, Victor dijo:

—Stan, ¿sabes qué es lo que haces realmente en esos seminarios? Pues ayudas a que la gente siga adelante. Todo se reduce a una cuestión de comprensión... de manera inmediata. Es una especie de zen de la venta.

Me había pasado más de veinte años —la mayor parte de mi vida profesional— enseñando a vendedores cómo vender. A lo largo de esos años había escudriñado cientos de libros sobre técnicas de venta y había examinado todas las modernas y complicadas teorías, conceptos, sistemas, matrices, cuadrantes, redes y otros paradigmas que eran utilizados para explicar, y en ocasiones confundir, el acto de vender.

También había disfrutado, a lo largo de la mejor parte de mi vida, de una relación en ocasiones asidua, a veces informal, pero siempre satisfactoria, con algo llamado zen.

Así que el comentario informal de Victor sobre el zen de la venta provocó en mí uno de esos fascinantes encajes que se dan cuando dos ideas se juntan de manera novedosa. Se trata, como a menudo he pensado, de un don especial que Victor tiene para hacer que esas cosas sucedan en los demás. En cualquier caso, lo que Victor dijo me hizo pensar sobre las ventas, y especialmente en relación con enseñar a otros a vender, de una forma totalmente nueva.

Aprender a vender es parecido a aprender otras habilidades que puedan refinarse hasta convertirlas en arte. Me refiero a habilidades universales, como cantar, bailar, dibujar, escribir, la práctica deportiva o la música, o algo tan personal como hacer el amor o ser padres. Todos esos aspectos de la vida han sido objeto de interés en los manuales de aprendizaje, que han utilizado un estilo estructurado en forma de instrucciones, aunque sin demasiado éxito.

A la gente no le gusta que le digan cómo jugar al tenis, pintar cuadros, vender casas o hacer cualquier otra cosa que sea una mezcla de energía cinética, emocional e intelectual. Las personas sobresalen en esas cosas sólo después de haberlo visto, comprendido y hecho. Y cuando lo hacen es que han experimentado el zen de esas cosas.

Gran parte de lo que sé sobre ventas lo he aprendido de Victor. Así que con mi nueva percepción de las ventas decidí documentar algunas de las experiencias de Victor exactamente de la misma manera en que él las había compartido conmigo —como simples historias—, poniéndo-

les las tapas de un libro que «mostrase» a la gente
en lugar de «decirles» cómo vender. Mientras lo
hacía recordé algunas de mis propias experiencias
cuyo significado real descubrí gracias a Victor y
decidí incluirlas también en el libro.

*El zen de la venta* incluye diecisiete historias, y
en cada una de ellas el lector hallará una lección
sobre un paso esencial en la cuestión de las ventas.

Mi objetivo es mostrar un sistema de ventas
puramente basado en considerar a los clientes como
personas. Esto, claro está, va en contra de la mayoría de la literatura aparecida sobre la cuestión,
que recurre a estrategias de venta de confronta-
ción en las que la gente es sólo un medio para
alcanzar un fin. Quiero mostrar y compartir intui-
ciones sobre lo que realmente ocurre cuando los
vendedores se ponen a sí mismos, sus productos y
a sus clientes al mismo nivel de aceptación y ac-
túan sin el más mínimo destello de pretensión.

Durante años mi objetivo ha sido enseñar a los
vendedores a vender más, nos sólo mediante un
menor esfuerzo sino también con un mayor sentimiento de satisfacción, personal y profesional. Ése
es también el objetivo de este libro.

El zen de la venta implica algo más que ganar-
se la vida. Cuando aceptamos nuestro papel como
personas importantes en las vidas de nuestros clientes, conseguimos que los clientes se sientan tan especiales como lo son individualmente. Cuando se
sienten especiales, nosotros también, y de esa ma-

nera reflejaremos esa satisfacción y aprenderemos a aprovechar mejor las experiencias de la vida cotidiana.

El zen no es ni una religión ni una filosofía, sino intuición. Es una manera de entendernos a nosotros mismos en relación con todo lo demás y de descubrir algo tan evidente que no existe necesidad de dudar sobre la validez de lo que sabemos. También es una manera de distinguir lo genuino de lo artificial, una manera de reír, de expresar la sorpresa de nuestra vida y de ver el juego subyacente a todo.

*El zen de la venta* es un camino para que veamos y comprendamos la verdad de lo que hacemos mientras vendemos. Nos permitirá detener el tiempo y establecer conexiones, así como entender cómo vender mejor... ¡hoy mismo!

Al acabar de leer este libro descubrirá que el secreto de la venta no es ningún secreto. Se trata simplemente de apreciar y conocer a las personas que a su vez muestran su aprecio al comprar lo que usted tenga que vender.

Venderá mucho mejor de forma inmediata porque gozará de mayor comprensión sobre lo que hace. Esta mejora puede parecer milagrosa; pero en definitiva se trata del milagro de que usted diga: «Sí, puedo hacerlo».

*El zen de la venta* es un «sí» en un mundo de demasiados «no».

# ❈ Capítulo 1 ❈

# La oportunidad de pasar revista a toda una vida

*Ésta es la definición de negocio: algo que funciona y algo que no. Utilice una parte y olvídese de la otra.*

Henry Becque

Usted conoce a su cliente, sabe cómo trabaja y cómo piensa, cuán organizado o desorganizado es, si escucha la mayor parte del tiempo o bien si es el que más habla. Conoce su producto y sabe lo que tiene de bueno y lo que no. Sabe cuándo insistir sobre algo y cuándo pasarlo por alto.

No necesita aprender cómo saludar, cómo intercambiar cumplidos. Sabe lo bastante sobre su cliente como para preguntarle acerca de las vacaciones, o los niños, o bien para desearle un feliz cumpleaños. Y si no sabe esas cosas, haga las preguntas adecuadas y aprenda lo suficiente en los primeros minutos de la reunión a fin de crear la ilusión de que son viejos conocidos.

Usted sabe cómo pasar de la conversación informal a los temas de importancia; cómo dejar de vender y hacer que empiece el proceso de compra; está preparado, tiene confianza y está enfocado; se siente exultante y alegre y no puede esperar para saludar a su cliente. Lo tiene todo a punto. Entonces, ¿qué es lo que puede fallar?

Bueno, puede que el cliente se haya olvidado de la cita aunque se lo confirmásemos ayer. O tal vez ha ocurrido algo totalmente inesperado y no ha tenido tiempo de telefonearnos antes de que nos marchásemos del despacho. Tal vez haya decidido contactar con otra empresa, pero eso es una tontería, e imaginar lo peor no es la mejor manera de hacerlo bien.

En lugar de eso, visualice la situación desarrollándose justo como espera que ocurra. Afírmese en ello y sucederá como se supone que debe hacerlo, a menos que al cliente no le guste usted, pero ni siquiera eso representa un problema si al cliente le gusta lo que usted vende. Es una cuestión de cambiar el enfoque. Hágase responsable de sus propios actos, de las cosas que puede llegar a controlar y de sus reacciones respecto a todo lo que escapa a su control.

A veces ni siquiera los vendedores con más talento y sensibilidad están preparados para hacer frente a todas las eventualidades.


Victor es famoso por obsequiar a la gente durante las cenas con historias sobre intrigas financieras en las que aparecen involucrados nombres conocidos; por lo que a mí respecta, mi favorita entre todas ellas es una que nunca le he oído contar a nadie excepto a mí.

Tuvo lugar al principio de la carrera de Victor, cuando era un joven y ambicioso agente de banca. Su trabajo consistía en vender los servicios del banco para el que trabajaba a compañías que ya contaban con cómodas relaciones bancarias. Su desafío, decía, era similar al de cualquier otro vendedor. Era como un vendedor de cepillos que intentase vender cepillos a gente que ya tuviese el armario lleno de ellos.

El banco al que representaba contaba con ciertos avances notables respecto a otras organizaciones financieras de la competencia y él, Victor, era un maestro a la hora de describir los beneficios de esas ventajas de manera que daba la impresión de tratarse de ser servicios únicos y singulares. Tal vez sólo estuviese vendiendo otro cepillo, pero era su habilidad para presentar un cepillo especialmente creado para una tarea determinada lo que lo convertía en irresistiblemente vendible.

Un día tenía una cita con el tesorero de una de las principales corporaciones que aparecen en los primeros quinientos puestos de la revista *Fortune*. Como entendía la importancia de la ocasión se hallaba adecuadamente preparado, podía sentir el desafío pero eso no le asustaba.

Llegó lo suficientemente temprano como para

darse tiempo para disponer los materiales de su presentación y para llevar a cabo una última inspección de su aspecto personal, pero tuvo el cuidado de no llegar demasiado temprano. No quería tener la impresión de que había estado esperando, porque sabía que eso podría crear un marco mental negativo. Había investigado extensamente los antecedentes de la compañía y por ello no sintió la necesidad de volver a revisar sus notas. Una presentación creíble estaba basada sobre todo en la espontaneidad, en esa chispa de espontaneidad y sensibilidad hacia la inmediatez de lo que nos rodea, que no es algo que pueda ser falsificado. Tal como lo dijo Victor: «Si disfrutas de lo que haces, resulta maravillosamente evidente».

Una recepcionista le acompañó a través de la primera zona de recepción para presentarle a una secretaria, quien a su vez le presentó al tesorero auxiliar, el cual le aseguró que sólo tendría que esperar unos momentos.

Al cabo de poco le hicieron pasar al despacho del tesorero. Aunque la buena disposición del despacho permitía poder sentarse en un ambiente más relajado, el señor Brubaker permaneció sentado frente a su escritorio, que se hallaba ligeramente elevado, aunque una mirada no entrenada no se hubiese percatado de ello.

Brubaker indicó a Victor que tomase asiento en una de las elegantes sillas que se encontraban frente al escritorio y éste escogió la de la derecha.

Hacía años que le habían dicho que se sentase a la derecha de una persona a la que se veía por primera vez. La posición a la izquierda de la persona en cuestión estaba reservada a los consejeros de confianza, un papel que Victor se veía ocupando más adelante, pero no por el momento.

Victor tendió su tarjeta de visita a modo de presentación y tomó asiento. La forma de la silla desalentaba la adopción de una postura activa, pero Victor toleró su abrazo en lugar de sentarse en el borde. La posición de sentarse en el borde evoca imágenes de siervos mendigando los favores del señor o de focas ladrando para que les echen pescado.

Siguieron varios minutos de conversación informal, lo suficiente como para hacerse con una idea sobre la posición de Brubaker en la compañía; entonces, justo cuando Victor estaba listo para pasar a describir su margen competitivo, Brubaker echó una mirada a su reloj, mientras con su mano izquierda daba golpecitos impacientes sobre la mesa con la tarjeta de visita de Victor.

—Joven —dijo, interrumpiendo a Victor a media frase—, ¿qué puede usted ofrecerme que no pueda obtener de mi banco actual?

Victor asintió y sonrió, dando a entender que no sólo había entendido la pregunta sino que le resultaba grata. La pregunta no podía haber surgido en mejor momento, pues le sirvió como correa de transmisión para su siguiente frase:

—Señor Brubaker, como usted está familiarizado con servicios que se ofrecen con un sentido de atención personalizada..., eh...

Al mirar a Brubaker, situado al otro lado del escritorio, el normalmente elocuente Victor empezó a balbucear. No podía dar crédito a lo que estaba viendo: aquel hombre estaba rompiendo, lenta y metódicamente, su tarjeta de visita, convirtiéndola en tiras pequeñas que iba depositando, una a una, en un limpio cenicero de cristal.

Cuando el tesorero acabó de hacer trizas la tarjeta, se puso en pie, agradeció a Victor que hubiese venido y anunció que se le hacía tarde para otra cita.

Totalmente aturdido, Victor se sintió descansado al poder abandonar el despacho. Una vez en la puerta, miró hacia atrás, a los restos de su tarjeta en el cenicero. Era todo un símbolo.

Victor tenía otra cita esa misma tarde, a última hora. Sabía que necesitaba recomponerse para asistir, así que se detuvo en el aseo de caballeros del edificio de Brubaker. Se echó agua fría en el rostro y se miró de arriba abajo en el espejo, sintiéndose aturdido al contemplar su aspecto. No daba la impresión de estar preparado; estaba destrozado, y supo que no se hallaba en condiciones de llevar a cabo otra representación.

Utilizó una cabina de monedas situada en el vestíbulo para intentar reprogramar su próxima cita. No fue posible conseguirlo, así que se dio cuenta de que no tenía más opción que cancelarla. Era la primera vez en su carrera que se veía obligado a hacerlo, y también fue la última.

Cuando acabó de contarme la historia, Victor me pidió una de mis tarjetas de visita profesionales. Tomé una de mi estuche de tarjetas y se la tendí.

—Stan, todo lo que hizo fue esto...

No creí que Victor fuese a hacerlo y no me di cuenta de la verdadera naturaleza de lo que describía hasta que, tan casualmente como si estuviese abriendo un sobre, rompió mi tarjeta.

Le observé con la misma incredulidad que debía haber sentido él, años atrás. Había destruido la tarjeta de visita de hoy y la referencia del mañana. El presente y el futuro de un agente de ventas profesional.

—Toda la vida te están repitiendo que no te lo tomes por el lado personal —decía—; sin embargo, cada vez que ocurre acostumbramos a responder a nuestra inimitable y personal manera. A veces echamos la culpa a alguien, o racionalizamos, o sobreanalizamos o simplemente ponemos cara larga. Y ésa es la cuestión; me ha llevado un buen puñado de años llegar a comprenderlo. No es lo que nos pasa lo que nos pone fuera de juego..., es nuestra respuesta. Dicho de otra manera: cómo nos sentimos cuando el fracasar es cuestión nuestra. Y eso es algo que se puede controlar.

—Pero Victor, eso que pasó fue terrible. A cualquiera le hubiese perturbado.

—Claro que lo fue. Pero permití que se convirtiese en algo más importante de lo que realmente era. Resulta demasiado fácil caer sobre la propia espada o revolverse en el charco sobre el que estamos. La autocompasión sirve de excusa para que se revele nuestra peor forma de comportarnos sin que nos muestre la salida hacia un lugar mejor. Y no podemos permitirnos que una excepción devalúe nuestro valor o nos ponga fuera de juego.

Mientras hablaba, Victor volvía a juntar inconscientemente los trozos de mi tarjeta.

—Entender las cosas no es sólo para otra gente, amigo mío, también es para nosotros mismos. Hay que tomarse el tiempo necesario para entender lo que fue mal y cómo podemos solucionarlo por si vuelve a suceder. Olvídate de ti mismo; luego muévete con soltura. Si se trata de una situación irreconciliable, como con Brubaker, al menos hay que tener el buen sentido de mantener la próxima cita. Stan, tengo un montón de tarjetas de visita, pero quién sabe, tal vez al cancelar aquella cita también cancelé la oportunidad de mi vida.

# ❧ Capítulo 2 ❧

# Cómo servir a un cliente

*Primero sirve al cliente y luego arregla la cañería.*

Victor

Vender es ofrecer servicio al cliente y ofrecer servicio al cliente es vender. Las dos acciones son partes indistinguibles de un proceso sin fisuras.

Los agentes de ventas que distinguen entre las dos tienden a suscribir la vieja situación, en la que «vender» significa realizar la venta y olvidarse del cliente, y donde «servicio al cliente» significa hacer lo menos posible por arreglar rápidamente cualquier problema que pudiera surgir. Esas personas consideran el vender como algo que se hace «a» alguien, y el servicio al cliente como algo que se hace «por» alguien, aunque con reservas.

Es tarea nuestra lograr que el cliente se sienta bien respecto al hecho de comprar, de conseguir que el proceso de comprar se convierta en un intercambio razonable, inteligente y agradable. Tanto si nuestro cliente es una persona mayor que cuenta la calderilla del cambio en el mostrador de un ultramarinos como si es un líder mundial que se dedica al comercio de bienes de consumo de alta tecnología, nuestro papel es el de responder a las preocupaciones, a las prioridades de la cuenta de resultados, a resolver problemas potenciales, a aclarar confusiones, resolver conflictos inevitables y mantener la ecuanimidad incluso si la situación se convierte en volátil. Nunca debemos perder de vista el hecho de que estamos trabajando para —no en contra— el cliente.

Cuando lograr una venta se convierte en un objetivo en sí mismo y se considera al cliente como un mal necesario, resulta inevitable herir sentimientos y crear malestar. Pero cuando el servicio al cliente es nuestro objetivo primordial durante y después de la venta, las cosas tienden a ir bien. El cliente se siente a gusto, se siente bien comprando y desea volver a hacer negocios con la misma persona.

Hace algunos años, el mes de enero registró temperaturas récord a la baja en el normalmente agradable clima del estado de California. Las temperaturas descendieron por debajo de cero y las cañerías del agua de toda la población empezaron a reventar.

Me hallaba presenciando el programa de las noticias locales, sintiéndome un tanto autosuficiente y un poco culpable por haber escapado al problema, cuando escuché un estallido y el horrible sonido de agua corriendo. Una de las cañerías de fuera había reventado y un torrente de agua se estrellaba contra la ventana del sótano. Arranqué el segmento inferior del tubo de bajada de aguas y lo utilicé para desviar el flujo de agua y alejarlo de la casa.

Se trataba de una solución temporal que no estaba mal, así que me sentía más bien orgulloso cuando empecé a llamar a los fontaneros para conseguir una reparación profesional.

Pronto descubrí que mi caso no era prioritario. Seis fontaneros diferentes me dijeron que tenían clientes que no tenían ni una gota de agua, y que no sabían cuándo podrían acercarse por aquí. Así que traté de llamar a ferreterías en busca de consejo sobre cómo reparar una tubería de cobre. Las respuestas fueron lacónicas. Un empleado me dijo que tenía doce personas al otro lado del mostrador, todas ellas en busca de suministros que ya había agotado. Con cada llamada que realizaba iba agotando mis preguntas y mi paciencia.

Las personas con las que hablaba me demostraban una verdad acerca del mercado libre: cuando la demanda de bienes y servicios excede el suministro, la cortesía suele ser la primera baja. Yo mismo estaba demostrando otra: espere lo peor y adopte una actitud desagradable y conseguirá justo lo que espera.

Una hora y muchas llamadas telefónicas después, finalmente localicé una ferretería en una población a más de treinta kilómetros de distancia que todavía tenía dos abrazaderas para tuberías de dos centímetros.

—Si puede venir hasta aquí antes de una hora —me dijo el propietario—, le guardaré una.

Así que recogí la chaqueta y salí corriendo. Veinte minutos después entraba en la tienda. Una mujer muy joven, en realidad una chica, se encontraba tras el mostrador.

—Soy el que llamó por lo de la abrazadera —le dije, ligeramente sofocado.

Frunció el ceño, me miró con expresión perpleja y luego buscó en varias cajas que había tras el mostrador. Nada.

—Deje que vaya a ver si encuentro a mi padre. Tal vez él lo sepa.

Su padre, el propietario, estaba ayudando a dos clientes en la parte trasera de la tienda, pero le dijo que mirase en la caja que había bajo el mostrador.

—Pero si ya he mirado, papá. No está.

—Vuelve a mirar. Sé que la puse ahí.

La tensión empezaba a apoderarse de ellos. Empezaron a levantar la voz y todos los presentes en la tienda pudieron escucharlos. Mi propia frustración aumentaba por minutos.

Cuando la joven regresó al mostrador, una mujer mayor —obviamente su madre— apareció por otro lado de la tienda y preguntó qué sucedía. Con una expresión de pena en el rostro, la mujer se volvió hacia mí.

—Lo siento mucho, pero las he vendido hace cinco minutos. No sabía que mi marido se las guardaba.

En ese momento perdí la paciencia.

—¡Maldita sea! ¿Así que he venido conduciendo hasta aquí en busca de algo que ni siquiera tienen? ¿Qué clase de negocio tienen aquí?

En ese momento el propietario se unió a nosotros en el mostrador e inmediatamente se dio cuenta de cuál era la situación y trató de disculparse lo mejor que pudo.

—Comprendo cómo se siente —dijo con voz suave—. Lo siento muchísimo. Si puede esperar un minuto, creo que podré encontrar otra cosa que tal vez le sirva.

Pero yo ya no estaba por ésas. Furioso, me di la vuelta y salí de estampida, cerrando la puerta con más fuerza de la que quise. La campanilla de la puerta se estrelló contra los cristales.

A un kilómetro de distancia me encontré tiritando en una cabina telefónica de esas abiertas, mirando ciegamente el listín de las Páginas Amarillas y llamándome estúpido. Estúpido por tratar de encontrar algo que no era posible encontrar y por intentar que otra persona se sintiese tan frustrada como yo a causa de un error no intencionado. Me había permitido tomarme el error de manera personal, y me las había arreglado para insultar a toda la familia: al marido, a la esposa y a la hija.

Conduje de vuelta a la tienda. Ambas mujeres se hallaban tras el mostrador. Sonreí tímidamente y pregunté si podía hablar con el hombre.

—Sólo quería decirle que siento haber actuado como lo hice —le dije cuando apareció tras el mostrador—. Y quiero pedirles disculpas a ambas —dije, dirigiéndome a las dos mujeres— por perder la compostura. No era necesario.

Ambas sonrieron y la hija enrojeció.

Nunca olvidaré la respuesta del padre. Con una amable sonrisa, dijo:

—Está bien, no se preocupe. Si uno no puede entender las frustraciones de sus clientes es que no merece estar en el negocio.

Nos dimos un apretón de manos, sonrientes.

—Ahora —dijo—, veamos si puedo arreglárselo.

Aquel hombre conocía su ferretería. Al cabo de muy poco tiempo dejé la tienda con una pieza que me costó dos dólares, y dos horas más tarde había conseguido arreglar el escape. Él también conocía su negocio: mi dignidad como persona y como cliente me había sido devuelta, junto con mi disposición.

Ahora, siempre que necesito algo de la ferretería, recorro los treinta kilómetros hasta allí, y lo hago con una sonrisa.

Poco después de este caso, Victor y yo paseábamos por la zona boscosa que hay justo por debajo de mi casa. Minutos antes, cuando nos dirigíamos al bosque, Victor había reparado en la nueva y brillante tubería de cobre y yo le expliqué la historia. Victor recogió una piña de abeto y se la iba pasando ociosamente de una mano a otra mientras escuchaba.

Hubiese apostado dinero a que Victor nunca había entrado en una ferretería en toda su vida, pero inmediatamente comprendió por qué me había afectado tanto el comportamiento del dueño de la tienda.

—Empatía —dijo—. Eso es lo que marcó la diferencia. Tu amigo es un auténtico vendedor que instintivamente sabe que su trabajo es mostrar comprensión incluso cuando el cliente no la merece, Y ésa es la esencia de ofrecer un servicio.

Luego, bajando la voz hasta casi convertirla en un susurro, como si estuviese compartiendo un secreto, continuó diciendo:

—La verdad Stan es que no se puede separar el servicio al cliente del acto de vender. Todo es servicio. Es como esta piña. Si decido quitarle las escamas, en poco tiempo me habré quedado sin piña. Las escamas son la piña; resultan inseparables.

Según hablaba, Victor iba quitando las escamas y tirándolas por el sendero.

—Toma —dijo, tendiéndome la espiga del cono—. *Pseudotsuga*, latín para «falsa cicuta». Nosotros lo llamamos abeto Douglas, pero botánicamente no es ni cicuta ni un abeto. Es un árbol magnífico, aunque los humanos nos sintamos confusos acerca de su nombre.

# ❧ Capítulo 3 ❧

# Cerrar un trato
# es como una brújula

*Cerrar un trato es como una brújula: utilízalo sólo cuando corras peligro de perderte.*

Victor

La mayoría de los manuales de instrucciones sobre ventas que tratan de cómo cerrar un trato pecan de presuntuosos, bordeando en lo ridículo. Cada día, millones de vendedores son severamente aconsejados para que «consigan el pedido» y para que «pidan la venta». Son condicionados para hacerlos creer que los clientes compran porque se les pide que lo hagan.

Esta fijación acerca de la conclusión del negocio puede hacer que no veamos lo que debemos hacer antes de llegar a ese punto. Existe una manera de avanzar y una manera de comunicar que hace inevitable que consigamos nuestro objetivo; y entonces, el cierre programado resulta irrelevante. Vender es una conversación interesante, una atención, una percepción y una comprensión penetrantes, así como sentido de la oportunidad y equilibrio, saber marcar el paso y tomar posiciones: una simple pero sutil cuestión de causa y efecto. Escuchamos hablar a la otra persona; avanzamos cuando la otra persona retrocede. Una venta hábil es como bailar, pero los cierres compulsivos lo convierten en un combate de lucha libre.

La gente no compra porque les pidamos que lo hagan; compran porque quieren hacerlo. Como maestros de las ventas, debemos estar sintonizados con los sentimientos de todos los que nos rodean. Es tarea nuestra —y también un placer— animar, persuadir, convencer, aclarar, instigar el deseo y proporcionar argumentos atractivos y firmes que sean claros, fascinantes y tentadores.

En ocasiones, los clientes se hallan muy cerca de la decisión de comprar, y a veces están muy lejos. En todo momento debemos permanecer atentos respecto a cuál es nuestra posición respecto a la del cliente. Hemos de ser capaces de conectar emocionalmente con los clientes a su nivel. Tenemos que saber cuándo realizar nuestro siguiente movimiento de manera que complemente al del cliente (recuerde lo del baile). A menudo ésta es una cuestión más de intuición que de planificación consciente.

Lo que no debemos hacer es, víctimas del pánico, recurrir a un cierre rápido. No pregunte: «¿Cuál es su presupuesto» o «¿Cuándo cree que se habrá decidido?» o «¿Qué haría falta para que hiciésemos negocios?». Ésas son cuestiones que ya deberíamos haber descubierto, pero de una forma más habilidosa.

En el fondo, nosotros somos nuestro mejor recurso. Siempre debemos recurrir a nuestras propias experiencias y a nuestra comprensión a través de la empatía. Hemos de confiar en nuestras percepciones y en nuestra habilidad para decodificar rápidamente lo que oímos y vemos y luego responder con el movimiento adecuado y lo suficientemente atractivo como para permitir que el cliente se acerque a la decisión de comprar.

Cuando nuestro cliente nos mira y pregunta: «¿Qué tipo de preparativos debo realizar?» o «¿Qué es lo próximo que tenemos que hacer?», entonces sabemos que hemos hecho nuestro trabajo. Es hora de apartarse y permitir que los clientes se apropien de lo que les hemos vendido y de lo que ellos han comprado. Vender y comprar es, después de todo, únicamente las dos caras de una experiencia mutuamente satisfactoria.

Una noche de septiembre, Victor y yo nos hallábamos sentados en mi patio, bebiendo té helado y hablando de la expectación especial que se siente al cerrar una gran venta. Yo dije algo acerca de llevar a cabo una conexión emocional con el cliente y eso le hizo recordar una historia:

—Era a principios de 1973. Una mañana me llamaron del Departamento de Estado.

Debí de parecer sorprendido, porque Victor añadió:

—El secretario adjunto y yo fuimos compañeros de colegio y nos hemos mantenido en contacto. De cualquier manera, me preguntó si estaba disponible para llevar cierto documento a París y hacer que fuese firmado. Los árabes amenazaban con un embargo de petróleo y ese asunto era parte de un intento de europeos y norteamericanos para impedirlo.

—Pero, Victor, ¿por qué tú, precisamente? ¿Por qué no enviaban a alguien del gobierno?

—Precisamente porque yo *no* era del gobierno. Todo ese asunto tenía que mantenerse en secreto. Oficialmente, Estados Unidos no podía implicarse en las negociaciones. Dije que sí, desde luego. Fue una de las más importantes experiencias de mi vida. Siempre pienso en ello cuando la gente me habla acerca de cerrar un trato. Creo que comprenderás por qué.

La misión de Victor era simple: estar en cierta oficina de un determinado edificio gubernamental a las nueve de la mañana. Reunirse con un representante francés, revisar detalladamente el documento, aclarar todas las cuestiones y conseguir la firma.

Era como si a un vendedor le hubiesen dado una cuenta con todas las seguridades de que el cliente estaba dispuesto a comprar y todo lo que había que hacer era hacerle firmar en la línea de puntos. Para un maestro de las ventas como Victor, resultaba una tarea fácil.

Pero no fue así.

El homólogo de Victor era un burócrata de carrera llamado Foyier, un hombre de buena presencia de unos sesenta años. Sus modales eran bruscos y directos y, tras la más breve de las presentaciones, se pusieron a trabajar.

Durante la siguiente media hora, Foyier revisó detalladamente cada párrafo, haciendo preguntas como:

—¿Esto incluye todas las partes o sólo una de ellas?

Victor, que se había aprendido el documento de memoria y hablaba un francés muy bueno, fue capaz de resolver todas las preguntas, para satisfacción de Foyier, quien con cada respuesta se iba mostrando más cordial. Al final, sintiendo que se acercaba el momento de la firma, Victor se llevó la mano al bolsillo para buscar una pluma estilográfica que había llevado intencionadamente para tan importante ocasión.

Se trataba de una Mont Blanc Meisterstück, un poco frecuente modelo 25 de lapislázuli. En el pasado, siempre que la había utilizado, la gente había comentado su belleza. Ahora desenroscó el capuchón, lo colocó al otro extremo de la pluma y se la tendió a Foyier.

La actitud de Foyier cambió por completo.

—¡Llévese esa pluma de aquí! —gritó, fuera de sí—. ¿Cómo puede pedirme que firme ningún documento sobre acuerdos con ese..., con ese recuerdo de las SS? ¿Es que no sabe que fui miembro de la Resistencia? Nunca tocaré esa pluma —dijo; se alejó de la mesa, cruzó los brazos en actitud desafiante y se quedó mirando a Victor.

Victor estaba anonadado. Durante unos instantes no pudo comprender de lo que le hablaba Foyier, y entonces recordó un viejo rumor que corría acerca de que Hitler había encargado a la empresa Mont Blanc que fabricase plumas para los altos oficiales de las SS. A todas luces se trataba de un rumor sin base real —después de todo, Mont Blanc había fabricado plumas desde principios del siglo xx—, pero en ese momento toda la negociación dependía de ese detalle.

Victor comprendió que tratar de desentrañar el malentendido en esos momentos no sería suficiente, porque las emociones de Foyier eran demasiado fuertes. Su única esperanza radicaba en responder con algo que tuviese un impacto emocional similar que pudiese diluir la rabia. Entonces Victor recordó algo.

—*Monsieur* —empezó a decirle tranquilamente—, mis disculpas por causarle desazón. Creo que le entiendo. Mi pluma es una Mont Blanc; una pluma alemana con un nombre francés. Conozco el incidente del que usted habla, pero ¿no sabía que todo no se había acabado ahí? He oído que el fabricante que diseñó la pluma por orden de Hitler era judío, así que encontró la manera de devolver el golpe.

Victor tomó la pluma y señaló el capuchón.

—Este símbolo de aquí... la mayor parte de la gente asume que se trata del Mont Blanc, de la montaña. Si se mira la pluma de lado sí que parece ser la silueta de la montaña. Pero si la miramos desde arriba, veremos algo más. En realidad se trata de la versión de la estrella de David del fabricante.

Victor acercó ligeramente la pluma en dirección a Foyier, ofreciéndole una visión completa del extremo del capuchón.

—Lo que ve aquí puede que sea una de las declaraciones más fuertes realizadas durante la guerra. Un bello y elegante acto de resistencia.

Foyier tomó asiento y se quedó quieto, sin moverse, durante lo que pareció un buen rato. Luego su expresión empezó a cambiar, lentamente. Mientras era observado por Victor, su rostro comenzó a relajarse, empezando por las cejas, a continuación los ojos y más tarde la boca y el mentón. Siguió sin decir palabra pero alargó la mano en dirección a la pluma y firmó el documento con un gran garabato galo. Después se acercó al lado de la mesa donde se hallaba Victor y le abrazó alegremente, besándolo en ambas mejillas.

Al final de la historia, Victor permaneció sin moverse durante un rato. Cuando continuó hablando, lo hizo con voz suave:

—Bueno, como ya sabes, no pudimos hacer nada en contra del embargo de petróleo, así que supongo que fallamos en ese sentido, pero cuando abandoné aquella habitación, sentí que había obtenido un gran éxito. Había cerrado muchas ventas, pero ninguna había sido tan importante ni tan satisfactoria.

Me aclaré la garganta.

—Victor, ¿esa historia es cierta?

—¿Te refieres a lo de Hitler?

—Y lo del fabricante de plumas judío.

—No estoy seguro. Ese rumor ha circulado por Europa desde finales de la segunda guerra mundial. La persona que me lo contó creía que era verdad. Pero ésa no era la cuestión, ¿no es así?


Victor y yo compartimos una afición por los instrumentos de precisión. Hace muchos años, poco después de que nos conociésemos, me mostró una de sus más preciadas posesiones: una vieja brújula militar de lentes. Mientras sacaba cuidadosamente la brújula de su funda de cuero, Victor me dijo:

—Esto es lo más cerca que llegarás a estar de un buen trato.

Por entonces yo era joven y engreído, y creía

que lo sabía todo acerca de cerrar una venta. Empecé a poner objeciones a esa comparación para mí esotérica, pero Victor continuó diciendo:

—Un cierre es como una brújula: sólo la necesitas cuando te has perdido o cuando crees que vas a perder el rumbo. Si tus clientes dan la impresión de perder el interés y si no tienes ni idea de qué piensan o de tu posición en ese instante, o bien si las cosas se eternizan en una repetición sin fin de las mismas preocupaciones y no tienes ni la mínima idea de cuáles pueden ser las verdaderas intenciones de tu cliente, entonces es cuando necesitas orientarte. Ése y sólo ése, es el momento de intentar el cierre. Por lo demás, recuerda que tu trabajo es mostrarle al cliente un camino para que compre satisfecho. Olvídate de vender, deja que sea el cliente el que compre.

## Capítulo 4

# No es una cuestión de precio

*No pierdas un tiempo precioso negociando el precio de algo que todavía no has vendido.*

Victor

—¿Cuánto se quiere gastar?

Eso es lo peor que se le puede preguntar a un cliente y, no obstante, los vendedores siguen haciéndolo continuamente sin darse cuenta del grave error que cometen. No importa cuál sea el producto —de ordenadores personales a planes de pensiones personalizados—: se trata de una pregunta equivocada. Sea quien sea su cliente y sepa mucho o poco acerca del producto, hacer esa pregunta *siempre* es un error.

Si los clientes no saben lo que quieren gastar, que suele ser el caso si hace tiempo que no han adquirido ese producto o si no han hecho sus deberes preguntando aquí y allá, no tendrán ni idea de qué responder. Y eso les hará sentirse incómodos. Lo único que conseguiremos es crear un ambiente negativo. En una situación así la gente tiende a sentirse incómoda y a la defensiva. A nadie le gusta admitir su ignorancia, así que su reacción inmediata es encontrar una excusa para marcharse lo antes posible. O si bien tienen la mínima sospecha de que estamos tratando de colocarles algo, sucederá lo mismo: un deseo de escapar tan rápidamente como puedan.

Aunque los clientes sepan lo que quieren gastar, hacer esa pregunta representa un grave error. De hecho, suele ser el error más grave en esas circunstancias. Sacar el tema del precio sólo consigue una cosa: llama la atención de los clientes hacia los precios. Y no se confunda: los clientes pueden encontrar nuestro producto en otro sitio al mismo precio, incluso a un precio inferior, en un abrir y cerrar de ojos. Al provocar que los clientes se fijen en el precio, les estamos ofreciendo una estupenda razón para que se marchen. Lo que hemos conseguido es dar la vuelta al proceso que tenían en mente.

En lugar de ello, nuestro enfoque ha de ser poner de manifiesto las cualidades del producto y las nuestras, como representantes de ese producto. Nuestro objetivo debe consistir en utilizar el producto como un medio para mostrar nuestra valía a los clientes de manera que lleguen a querer comprarnos a nosotros en lugar de hacerlo en cualquier otro lugar. Si hacemos bien nuestro trabajo, los clientes llegarán a considerarnos indispensables. No sólo comprarán gustosos ese producto en particular, sino que desearán hacer negocios con nosotros una y otra vez. Ésa es la diferencia entre una relación de negocios a largo plazo y conseguir una única venta. Es la diferencia entre una mentalidad que se conforma con una única factura y el estilo de un auténtico profesional.

Hace algunos años, mi hija y yo salimos un sábado por la mañana para comprar una bicicleta nueva porque la vieja ya se le había quedado pequeña, y ésta sería nuestro regalo por su décimo cumpleaños. Empezamos en una tienda cerca de casa.

Recuerdo a Tracy deteniéndose nada más penetrar por la puerta de la tienda, momentáneamente asombrada ante las hileras e hileras de bicicletas. Entonces vio la que le gustaba y se dirigió hacia ella, llevándome a remolque. Un vendedor se le acercó mientras ella permanecía con la mano izquierda apoyada sobre el sillín de una brillante bicicleta roja.

Hacía tiempo que yo no comparaba una bicicleta, así que traté de pensar en las preguntas adecuadas.

—Parece que le gusta ésta. ¿Usted cree que está bien para ella?

—Es una bicicleta muy buena —respondió el vendedor, mientras por encima de nuestro hombro miraba en dirección a otro cliente que acababa de aparecer en la puerta.

—¿Qué tiene de buena?

—Es muy popular; vendemos un montón de ellas.

—Pero me pregunto si cuenta con las características adecuadas para mi hija.

—Bueno... ¿Cuánto quiere gastarse?

Tracy se apartó de la bicicleta nada más oírlo y yo empecé a decir algo, pero luego me detuve. Todo aquello no tenía sentido.

—En realidad —dije—, hoy sólo estamos mirando; tal vez volvamos más tarde.

El vendedor se encogió de hombros.

—Muy bien, les estaré esperando.

Y a pesar de las protestas de Tracy, nos marchamos.

Esa misma tarde, algo después, compramos la misma bicicleta en otra tienda que no estaba ni a quince minutos de la anterior. Era el mismo modelo, probablemente costaba lo mismo, pero existía una gran diferencia: Paul.

Cuando entramos en la segunda tienda, Tracy localizó su bicicleta y se dirigió hacia ella. Un sonriente vendedor se aproximó, se presentó como Paul y nos dio la mano a ambos.

—Vaya, parece que ésta te gusta de veras, Tracy —dijo Paul—. ¿Qué es lo que te gusta de ella?

—Me gusta el color. El rojo es mi color favorito. Y también me gusta la marca. Una de mis amigas también tiene esta bicicleta, pero no es roja.

—¿Por dónde irás con ella?

—Por aquí cerca —respondió Tracy, mientras con un dedo recorría la suave superficie del manillar—. A lo mejor, a veces iré a la escuela.

—¿Y está muy lejos, la escuela? —preguntó Paul.

—No, no mucho. A unas pocas calles.

Sin desviar la atención de Tracy, Paul levantó la mirada hacia mí y asintió comprensivamente cuando le mostré siete dedos.

—Y cuando vayas a la escuela en bicicleta, ¿lo harás por la calle o por la acera?

—Por la acera. Menos cuando cruce la calle, claro —dijo ella, muy seria.

—Claro —dijo Paul, sin reírse, cosa que yo tampoco hice—. ¿Qué clase de bicicleta tienes ahora, Tracy?

—Una de esas con cuatro marchas —respondió ella—. Se la daremos a mi hermana; todavía está bien.

—¡Muy bien! Yo también conseguí así mi primera bicicleta: era de mi hermana mayor. Dime una cosa: ¿tardaste mucho en aprender a cambiar las marchas?

Estuvimos allí casi durante una hora. Paul continuó su amistosa conversación con Tracy, enterándose a través de lo que ella le contaba de para qué iba a usar la bicicleta, de lo que le gustaba o disgustaba en su anterior bicicleta. Mientras tuvo lugar esa conversación, Tracy nunca se apartó de la bicicleta roja.

—¿Te gustaría sentarte en el sillín, Tracy? —sugirió Paul—. De esa manera veremos cómo te va.

El sillín estaba demasiado alto. Así que mientras charlaba con Tracy acerca de su experiencia propia con una bicicleta como aquélla, Paul lo ajustó rápidamente a su altura y le pidió que volviese a probar. Ella colocó ambas manos en el manillar y movió una de las palancas del cambio. Paul empezó a explicar las palancas que correspondían a cada cambio de piñón y le enseñó las combinaciones de cambios adecuadas para cada situación.

—No creo que me acuerde de todo eso —dijo Tracy, frunciendo el ceño.

—No te preocupes, te lo anotaré.

Y así lo hizo. Sacó un pequeño cuaderno de notas de su bolsillo trasero e hizo una lista de las cosas principales. También anotó algunos apuntes sobre la correcta utilización de los frenos y consejos sobre seguridad.

—Si te olvidas de algo de esto —añadió Paul, mientras nos tendía su tarjeta—, puedes llamarme a cualquier hora. Ahí está mi número.

Estoy seguro de que nunca nadie antes le había dado su tarjeta comercial a mi hija, que la cogió cuidadosamente, con ambas manos, mientras nos marchábamos.

Una vez en el coche, junto a un orgulloso papá y a una radiante jovencita, se hallaba una bicicleta nueva, un casco también nuevo y una bolsa de herramientas con el nombre de la tienda inscrito.

Desde entonces he enviado a varias personas a esa tienda. El verano pasado me compré una bicicleta para mí y tuve la oportunidad de presenciar una nueva actuación de Paul, mientras pasaba de ser cliente a convertirme en un comprador entusiasmado.

Paul nunca me preguntó:

—¿Cuánto piensa gastarse?

Unos días después, durante la fiesta de cumpleaños de Tracy, le expliqué a Victor nuestra experiencia y me encontré luchando para explicar la diferencia entre esas dos clases tan distintas de vendedores.

—No se trata solamente de que uno es agradable y el otro una especie de memo. Se trata de algo mucho más básico, y no se trata de bicicletas solamente. Podría ser cualquier cosa.

Victor sonrió con esa sonrisa que tiene cuando he dicho algo importante pero que no me he dado cuenta. Y a continuación me invitó a realizar un pequeño ejercicio. Como la mayoría de los «simples» ejercicios de Victor, éste trataba de algo profundo, y por ello nunca lo he olvidado.

—Stan, piensa en algo que te gustaría tener pero que nunca has vendido profesionalmente. Valores, por ejemplo, o un velero, o un coche nuevo...

—Un monovolumen —le interrumpí.

Habíamos buscado un vehículo con más espacio para las crías, sus amigos y un par de bicicletas.

—Muy bien. Ahora piensa en cuatro o cinco cosas acerca de un monovolumen que sean importantes para ti, aparte del precio —tomó su servilleta de papel y le dio la vuelta, mostrando el lado limpio—. Escríbelas aquí.

Tardé unos pocos segundos en escribir:

¿Características de seguridad?
¿Historial de reparaciones?
¿Consumo?
¿Valor de reventa?
¿Capacidad?

Luego le devolví la servilleta a Victor.

—Ahora bien —dijo—. ¿Afectarán las respuestas a estas preguntas a tus sentimientos con respecto al precio de algún modelo en particular?

—Claro que sí —le espeté—. Cualquiera...

Me detuve cuando asimilé lo que quería mostrarme.

De nuevo volvió a aparecer la suave sonrisa de Victor.

—Ya lo ves, el producto justifica el precio, y no al contrario.

## ❈ Capítulo 5 ❈

# Cómo preparar
# una ensalada especial
# de pollo

*Ya saben lo que es el encanto: una manera de conseguir
un sí por respuesta sin haber hecho ninguna pregunta
en particular.*

Albert Camus

Todos nos hallábamos aguardando con impaciencia para salir del avión, y yo me encontraba en esa posición atascada que es el destino de los pasajeros a los que les ha tocado un asiento junto a la ventanilla. La mujer sentada enfrente de mí se levantó para recoger su bolso del portaequipajes superior y eso hizo que me fijase en su hermoso reloj de muñeca. Era rectangular, con una caja de marfil, numeración romana y correa de piel de cocodrilo. Muy sencillo y muy elegante. Quise comentárselo pero algo me hizo refrenarme. En lugar de ello, continué mirando la nuca de los pasajeros que tenía delante mientras esperaba que las puertas del avión se abriesen.

Más tarde me arrepentí de no haber dicho nada. Ése era exactamente el reloj que me hubiera gustado comprarle a Carrie por su cumpleaños, pero no sabía nada acerca de él, sólo tenía una ligera idea sobre su aspecto. Si me hubiese tomado la molestia de comentar el buen gusto de aquella mujer, tal vez eso nos hubiera ayudado a ambos a sentirnos mejor durante el lento proceso de salir del avión.

Hacer y recibir cumplidos es algo que nos hace sentirnos bien. Hacerlo sólo cuesta unos pocos segundos pero sus efectos pueden durar toda una vida. Puede que un amigo nos haya dicho que tenemos una sonrisa encantadora justo después de haber tenido un mal día. ¿Y qué puede pasar? Pues que todavía sigamos mirándonos en el espejo y admirando esa maravillosa sonrisa. O puede que un compañero de viaje haya realizado un comentario casual sobre el estupendo libro que estábamos leyendo, y por ello, cuando recordamos ese libro, nos damos cuenta de que hay más de una persona en este mundo que considera que es estupendo.

Tal vez estemos en una demostración con una clienta que lleva un conjunto exquisito. La razón por la que se lo ha puesto es para tener buen aspecto, así que un cumplido le indicará que ha tenido éxito en la elección. No hay que esperar a la ocasión apropiada, hay que hacerlo cuando se siente. Los cumplidos suelen resultar adecuados en cualquier momento que se den o reciban.

Y como nuestro negocio es vender a la gente cosas que mejoran sus vidas, no se guarde los cumplidos para sí. Hable de lo bueno cuando se fije en ello. Un cumplido sincero es un obsequio de su parte hacia otro ser humano; un tipo de obsequio que todo el mundo aprecia.

Victor y yo estábamos cenando en un elegante restaurante y se había traído una botella de 74 Keenan Chardonnay, que tendió al camarero para que se la abriese. El camarero cogió la botella mientras en su rostro se enarcaba una ceja y estudió la etiqueta como si estuviese a punto de descubrir el código secreto.

—Es un vino estupendo —murmuró—. Espero que no se haya oxidado.

Tras decir eso se detuvo, como si fuese algo que tal vez Victor no había tenido en cuenta.

—He traído esta otra por si acaso —contestó Victor, colocando otra botella de Chardonnay sobre la mesa, en esta ocasión, de una cosecha más reciente aunque también de calidad.

El camarero asintió levemente y se dedicó a abrir el vino. Victor lo probó y constató que mantenía el bouquet afrutado y la acidez adecuada.

Victor normalmente suele invitar al camarero a probar uno de sus vinos, pero eso es algo que no sucedió en esta ocasión. Una vez que el camarero se hubo retirado de la mesa, Victor comentó:

—A ese hombre le hubiese dado una lección la joven de la *delicatessen* donde estuve el otro día.

—Victor, me cuesta imaginarte entrando en una tienda así.

—No digas tonterías, Stan, me encantan. Este sitio que te digo está un par de números por debajo de J. Debs, la tienda de vinos, y el escaparate es una delicia; por eso entré. El sitio es más grande de lo que parece desde fuera, o tal vez sea por la inmensa cantidad de viandas que preparan para llevar. Era la hora del almuerzo y estaba a reventar. Uno de los dos dependientes que despachaban parecía trabajar allí desde hace tiempo y había algo especial en él. Cuando le tocó al siguiente cliente de la cola, el empleado apenas puso atención a lo que le pedía. Pareció empezar a prepararlo antes de que acabasen de hacerle el pedido, como si supiera mucho mejor que el cliente lo que éste quería.

—Sí, yo también conozco dependientes de ese tipo —apunté—. Creo que va con el oficio.

—Bueno, pues digamos que me puse ha hacer cola. Había pensado llevarme algo de queso y paté para la noche, pero de repente me di cuenta de que tenía hambre. Así que cuando me tocó a mí, además del queso y el paté, traté de pedir un sándwich, pero me quedé en blanco y no pude pensar qué es lo que quería. ¿No te ha pasado nunca?

—Continuamente.

—La chica que se ocupaba de mi fila, que no debía de tener más de veinte años, era maravillosa.

Se dio cuenta de mi confusión y me dijo: «Como le gusta el queso fuerte, seguro que le encantará nuestra ensalada de pollo. La hacemos aquí, con alcaparras, menta y yogur, en lugar de mayonesa. ¿Le gustaría probarla?». Y me dio a probar un poco con una cuchara de plástico. Pues no sabes, era deliciosa y así se lo dije. Me devolvió el comentario con una sonrisa encantadora y dijo: «¡Ah, qué bien, sabía que le gustaría!». ¿No te parece genial?

He tenido muchas conversaciones con Victor sobre el negocio de las ventas, y siempre he aprendido mucho con ellas, pero algunas veces me cuesta más que otras.

—Victor —le dije—, ¿qué hay de genial en una ensalada de pollo?

—No, Stan, no se trata de la ensalada. Fue su actitud. La verdad es que yo no tenía mucha idea acerca de lo que me estaba vendiendo, pero ella creyó que yo había tomado una buena decisión y así me lo dijo.

De repente recordé la desalentadora experiencia que tuvo lugar cuando compré mi primer ordenador y entendí lo que Victor estaba diciendo. Son demasiados los vendedores que se esfuerzan excesivamente por demostrarte cuánto saben. No pueden resistir hacerse los expertos e invariablemente dan la impresión de ser condescendientes, como había pasado con el camarero. La arrogancia, por nimia que sea, siempre echará a perder lo que podría ser una relación sana.

—Ya entiendo lo que quieres decir. La chica estaba realmente contenta de que a ti te gustase su producto y te felicitaba por tener buen gusto, mientras que al mismo tiempo tú la felicitabas por la excelente comida. Así que cada uno de vosotros hizo que el otro se sintiese mejor y eso no le costó nada a nadie.

Victor sonrió y recogió sus gafas.

—Prueba un poco más de este vino excelente, Stan.


Un par de semanas después, Victor mencionó que había llamado a una amiga con la que llevaba años sin hablar. Cuando la amiga respondió, le dio su apellido para refrescarla la memoria, pero ella le había interrumpido:

—Victor, ¿cómo quieres que haya olvidado esa magnífica voz?

Victor me comentó que había sonreído durante toda la conversación, con el ánimo por las nubes después de tan espontáneo y sincero cumplido.

—Es una persona tan encantadora y...

La frase de Victor se fue desvaneciendo poco a poco y en su rostro apareció esa mirada que he visto tan a menudo, la mirada que dice que está realizando algún tipo de nueva asociación.

—Ah, Stan, qué vanidad. Ella me hizo un cumplido, así que a mí me parece encantadora. Pero en realidad, ésa es la cuestión a la que quiero llegar: que los cumplidos hacen sentirse mejor a la gente, y eso es justamente lo que es ser encantador: hacer que alguien se sienta mejor. Hay demasiada gente que se esfuerza en encantarse a sí mismos en lugar de a los demás. La esencia del encanto es «usted es» en lugar de «yo soy». Cuando hacemos algo por otra persona, es cuando demostramos lo mejor que hay en nosotros, tanto si eres abogado, médico, actor, artesano o cualquiera que trate de hacer algo que valga la pena, y eso, ciertamente, también incluye a la gente que vende. Eso es lo que convierte a la venta en una actividad en la que resulta fundamental sobresalir en esa cuestión. Y eso es lo que convierte en especial la ensalada de pollo.

# ❧ Capítulo 6 ❧

# La característica invisible

*Es alguien que nunca se dio mucha importancia. A la gente le gustaba dársela, así que su sombra nunca se lo comió vivo.*

John Tarrant acerca del *roshi* Robert Aitken

A menudo, la característica que vende el producto suele resultar invisible hasta que el cliente se percata de ella. En ocasiones es necesario el punto de vista del cliente para señalar la eficacia de un determinado resorte, la conveniencia de un servicio especial o la unicidad de una determinada propiedad.

Cuando un cliente halla esa característica favorita, hace un comentario favorable, enarca una ceja o simplemente sonríe. Si estamos donde deberíamos estar —totalmente presentes, concentrados sin forzar demasiado— tendremos la oportunidad de ver inmediatamente lo que el cliente está observando y entenderemos casi intuitivamente cómo esa característica encaja en la idea general de lo que estamos vendiendo.

Debemos responder a esa situación igual que lo haríamos frente a un amigo que ha llamado nuestra atención sobre algo maravilloso que habíamos pasado por alto: apreciándolo y reconociendo que a ambos nos gustan los mismos detalles. El resultado es que el cliente establecerá una relación personal con el producto porque nosotros hemos entendido sus observaciones.

Es importante comprender que nuestra respuesta es lo que nos convierte en especiales a los ojos del cliente. Al estar donde está el cliente, escuchando, reconociendo y participando por completo en el fluido natural de la conversación —en otras palabras: siendo nosotros mismos en compañía de otra persona— estamos facilitando el fluir de una idea común. En efecto, estamos diciendo:

—Sé por qué le gusta y por qué quiere hacerlo, y así es como podemos llevarlo a cabo.

Una amiga de Victor, Jennifer, era una importante agente de ventas del sector inmobiliario, pero expresaba su confianza de tal manera que era interpretada por parte de los clientes como «el toque personal». No era ninguna coincidencia que ése fuese el eslogan que aparecía en su tarjeta comercial. Jennifer solía decir que la mejor manera de mantener su propio equilibrio personal era cogerse de la mano de alguien, del cliente, y dejarse guiar a través del proceso de la venta paso a paso.

El desafío radicaba en dar a cada paso del proceso la importancia que requería.

Jennifer se relacionaba con sus clientes de forma tan efectiva que a menudo provocaba una sensación de intimidad mayor de la que realmente existía. De hecho, no era raro que los clientes se sintiesen algo celosos cuando se daban cuenta de que ofrecía la misma consideración especial a otros de sus clientes.

La mayor parte de sus asuntos los trataba por delegación, optando por no aparecer sobre el terreno y utilizando a otros agentes para que mostrasen las casas en su lugar, a menos que se encontrasen en un barrio que ella había designado como su «granja». Asistía a las reuniones de ventas semanales, pero en caso contrario, prefería mantenerse alejada de la oficina y de todas las quejas, las demostraciones de ego y la politiquería que tenían lugar allí. Cuando necesitaba poner el papeleo al día utilizaba una oficina multimedia completamente equipada que tenía en su casa.

Una noche, se encontraba en esa oficina instalando un nuevo programa de software cuando llamó Jeff, un viejo conocido, con una petición sorpresa:

—Mamá quiere comprar un apartamento de propiedad horizontal.

Deborah, la madre de Jeff, era una mujer muy especial y alguien por quien Jennifer sentía un tremendo respeto. Deborah, que tenía unos setenta años largos, había sido una persona muy influyente en la época en que Hollywood era un imperio del entretenimiento sin precedentes y Los Ángeles se estaba convirtiendo en una ciudad. Había sido amiga de dos de los más grandes novelistas norteamericanos y había aconsejado a uno de ellos que regresase al Sur mientras siguiese teniendo el genio intacto; había cenado con las grandes estrellas —Gable, Grant y Bergman, por poner un ejemplo—; más tarde se convirtió en activista política, ecologista y mujer de letras por derecho propio. Siempre que acudía a un evento social, Deborah se hallaba constantemente rodeada de las personas más distinguidas de la reunión.

Deborah era propietaria de una finca en la región de los vinos, y Jennifer había pensado que se quedaría allí hasta el final de sus días. Pero ahora, le explicó Jeff, su madre quería estar más cerca de su hijo y su familia. Lo cierto es que había mencionado la zona de Tiburón..., algo con vistas al mar. Pero tendría que ser el sitio perfecto.

A Jennifer no se le ocurría nadie más a quien pudiera buscarle el sitio perfecto, y al mismo tiempo, tampoco podía pensar en ninguna otra persona cuyos criterios fueran más exigentes ni ninguna otra zona donde encontrar el sitio perfecto resultase tan difícil. Iba a ser un buen desafío. Jennifer respiró hondo, y tranquilamente aseguró a Jeff que empezaría a buscar inmediatamente.

A la mañana siguiente no le causó ninguna

sorpresa enterarse de que en Tiburón no había ningún apartamento con vistas al mar que estuviese libre. Conseguir un apartamento en Tiburón, junto a la bahía, era como conseguir un amarre en el club de yates de San Francisco; quién sabe, tal vez en seis o siete años...

Todo eso significaba una cosa para Jennifer: que no debía rendirse y que tenía que mantenerse en contacto con esa zona exclusiva del mercado. Estaba decidida a cumplir su promesa acerca de encontrar un sitio perfecto para esa mujer a quien tenía en tan alta estima. Sería una oportunidad para poder hacer algo por unos buenos amigos, como actuar con tu mejor amigo sentado en primera fila, o como pintar el retrato de alguien a quien se admira desde hace tiempo sin haber tenido la oportunidad de poder decírselo.

Dos meses después, y para su sorpresa, Jennifer encontró un anuncio sobre Tiburón. El texto prometía: «Una de las mejores ofertas. Unidad de primera categoría junto a la bahía con una luz maravillosa y una soberbia vista de San Francisco...». Sobre el papel parecía perfecto. Jennifer fue a echarle un vistazo de inmediato y, de nuevo para su sorpresa, resultó ser mejor de lo que esperaba y además cumplía todos los requisitos especificados por Jeff.

Llamó a Jeff y le comunicó las buenas noticias, y quedaron para encontrarse en Tiburón al día siguiente. Jeff se quedó impresionado con el apartamento, y a su esposa, Bonnie, y a los niños, les gustó todavía más. Era perfecto para Deborah.

Al día siguiente, por la tarde, Jeff llevó a su madre a ver el apartamento. Jennifer y la familia de Jeff les esperaban fuera. Deborah saludó a todo el mundo individualmente, y, reposando amablemente su mano sobre el brazo de Jennifer, dijo:

—Espero que no os hayáis molestado mucho para encontrarme algo.

Luego sonrió con ese tipo de sonrisa que siempre resulta un cumplido para quien la recibe.

—Bueno, supongo que todo el mundo está esperando por mí. Vamos a echar un vistazo.

Deborah empezó a subir las escaleras que conducían al apartamento y de repente se detuvo, se agachó y recogió un pétalo púrpura.

—Mirad —exclamó con deleite—, qué hermosura. Es un color tan regio...

En el suelo de las escaleras podían verse unos delicados y flexibles pétalos de color púrpura que habían caído del árbol que crecía junto a la escalera.

—Los hay por todas partes —dijo Deborah, tendiendo a Jennifer el pétalo—; como si fuesen pétalos de rosa.

—Qué suave es —dijo Jennifer—. Dan la impresión de estar hechos de algún tipo de tejido.

—Sí —murmuró Deborah mientras alcanzaba el hall de la entrada—, como si fuesen de seda.

Deborah siguió silenciosamente a su familia

mientras ésta visitaba la casa y descubrían un montón de características, comodidades y ventajas en cada habitación. Cuando ellos señalaban la calidad de las alfombras, la situación de los tragaluces, la elegancia de las persianas hechas a medida y el hueco de la chimenea de la sala de estar, ella sonreía amablemente pero sin comentar nada.

Deborah realizó su primer comentario en la sala de estar. Miró a su alrededor y luego a los elevados techos y dijo:

—Me siento tan pequeña.

—Pero madre, mira qué luz —contestó Jeff.

—Deborah, ven, sal al balcón —invitó Bonnie—. ¡Tienes que contemplar la vista!

Jennifer se unió a ellos en la terraza y, con su instinto de agente inmobiliario, se dio cuenta de que estaba protegida del viento por ambos lados y que bajo la baranda también contaba con una protección de vidrio. La vista era ciertamente magnífica: una suave pendiente de hierba verde se extendía hasta alcanzar una estrecha carreterita que discurría por la orilla del mar. Junto a la carretera había un sendero para peatones y luego la mansa rompiente del oleaje y la claridad de la bahía acunada entre Angel Island y Belvedere Island, que enmarcaban una vista del horizonte del otro lado de la bahía de San Francisco.

De pie, junto a la baranda, y mostrando una expresión sobria que rayaba en la preocupación, Deborah comentó, sin entusiasmo:

—Sí, es una gran vista.

Después se inclinó ligeramente hacia delante y miró hacia abajo. En su rostro había una sonrisa cuando se enderezó.

—Mirad eso —dijo, con auténtico placer—. ¿A que es una maravilla? Hay un árbol como el de la parte de delante.

Todo el mundo miró por encima de la baranda para ver el árbol con los capullos púrpura.

—Jennifer, ¿sabes qué variedad de árbol es? —preguntó Deborah.

—Lo siento, Deborah, no lo sé. Pero me voy a enterar.

Bonnie abrió las puertas correderas del otro lado de la sala de estar e invitó a Deborah a que disfrutase de la vista desde ese ángulo. Con la misma sonrisa tranquila, Deborah dijo:

—Sí, querida, puedo verlo desde aquí. Jennifer, acuérdate del árbol, asegúrate de enterarte de a qué especie pertenece. Hazlo por mí.

Después de la visita, Jeff ayudó a su madre a meterse en el coche y regresó para despedirse de Jennifer, que susurró:

—¿Crees que le ha gustado?

—No puedo asegurarlo —respondió Jeff—. Pero contamos con la oportunidad de hablar algo más sobre el tema en el camino de vuelta, así que te llamaré esta noche.

Esa noche Jennifer esperó la llamada mientras realizaba tareas triviales como rellenar la caja de clips y ordenar los lápices y bolígrafos en su oficina. Cuando finalmente sonó el teléfono, dio un brinco.

La primera frase de Jeff fue una pregunta tensa.

—Jennifer, ¿recuerdas el árbol que le gustaba a mi madre? ¿Sabes el nombre?

La primera cosa que había hecho Jennifer nada más llegar a casa fue llamar a Victor.

—Sí, es una pleroma, a veces llamada «flor princesa». Viene del Brasil...

—Estupendo —dijo con un suspiro de alivio—. Mi madre quiere ese árbol pleroma, y el apartamento va con él.


Victor llamó a Jennifer al día siguiente para enterarse de si su soplo de horticultura había tenido algún resultado.

—Te dije que lo tendría. El árbol que me señaló Deborah, y que tú identificaste más tarde, fue el que vendió la casa.

Victor se rió y replicó:

—Puede que la próxima vez te encuentres un pozo de los deseos que te ponga las cosas todavía más fáciles.

La respuesta que vino del otro lado de la línea no fue del tipo de las que esperaba.

Jennifer dijo, utilizando un tono lleno de seriedad:

—Victor, estoy hablando en serio. Ésta es una

de mis ventas favoritas, pero no creo que pueda decir que ha sido gracias a mis méritos.

—Claro que sí. Lo que pasa es que no buscas en el sitio adecuado. Después de una venta hay que poder disponer de tiempo para mirar y comprender todo lo que ha hecho posible que se vendiese el producto, darse cuenta de las cosas que nosotros hemos hecho y de las que han hecho otros. Debes permitirte un poco de tiempo para identificar las características que han despertado el interés del cliente y la que le ha entusiasmado más, pero carece de toda importancia quién haya sido el que la ha encontrado, si tú o el cliente. Porque, más que vender un producto, lo que tú has hecho ha sido facilitar el encuentro y el espíritu de la compra. Juntaste al cliente y a un producto con tanta seguridad como si fueses una casamentera, y tu buen juicio, conocimiento y el estímulo aportado en el momento adecuado hicieron posible que ocurriese algo que sobrepasó las expectativas de todos los implicados.

Jennifer no dijo nada.

—Jennifer, ¿estás ahí?

—Sí, estoy aquí, pero...

—Jennifer, el hecho de que sea una de tus ventas favoritas es la razón por la que sientes que no ha sido mérito tuyo. Abandona esa actitud de heroína conquistadora. Eso no es más que alimento para el ego. En lugar de ello, siéntete orgullosa de tu papel como guía y de tu habilidad para descubrir la sabiduría inherente en la compra de algo nuevo y perfectamente adecuado para Deborah. Ya lo ves, con los mejores vendedores una venta se lleva a cabo de una manera tan suave que nadie, ni siquiera ellos mismos, pueden explicar el proceso. Pero los vendedores principiantes o carentes de talento están tan impacientes por hacerse cargo de la situación que a menudo se convierten en el centro de la atención, lo cual resulta contraproducente, porque eso es lo que debería ser el cliente.

—Gracias, querido. Ahora debo marcharme, pero ya veo que he conseguido un avalista.

Victor colgó el teléfono con una carcajada.

# ❊ Capítulo 7 ❊

# El plan secreto
# de una leyenda de las ventas

*¡Llama al cielo y escucha el sonido!*

Dicho zen

Los objetivos son la sustancia y realidad de cualquier plan. Un plan es un proceso paso a paso. Completar con éxito cada paso es un objetivo. Es necesario lograr metas pequeñas a fin de alcanzar otras más grandes. Eso es, finalmente, lo que hace que un plan funcione.

En ocasiones nos pasamos de ambiciosos y nos marcamos objetivos a demasiado largo plazo. Los logros que iluminan el horizonte sin iluminar el presente no resultan de mucha utilidad y lo que consiguen es despistarnos en lugar de mantenernos en la brecha.

A veces, los objetivos se convierten en su propia fascinación. Podemos llegar a encontrarnos concentrados en aquello que perseguimos, pero si no ponemos la atención necesaria en los pasos que hay que dar para llegar hasta allí, podemos acabar tropezando. Cada paso cuenta a la hora de llevar a cabo y completar todo plan o viaje.

Todos los objetivos y planes son llevados a cabo en el presente. Puede que hoy hagamos planes para mañana, pero hoy es cuando hacemos lo que planeamos ayer. Sean cuales fueran las circunstancias, nunca vamos más allá del presente, del día de hoy. Ser consciente de eso refuerza la realidad de las metas que nos fijamos, tanto si se trata de ganar en un juego como de trepar a una montaña, vivir una vida productiva o conseguir la siguiente venta.

Cada año, en el primer día de otoño, Carrie y yo tenemos el placer de comer en casa de Victor para celebrar el cambio de estación. Este año, Victor y su amiga Jennifer prepararon una deliciosa crema de berros y un dorado suflé, seguido de mousse de manzana con salsa de coñac de manzana. Tras la cena, Victor no se mostró nada modesto y descorchó una botella de un poco frecuente Trockenbeerenauslese.

Al sentarnos, mientras alabábamos el vino y hablábamos un poco de esto y un poco de aquello, Carrie observó casualmente que Bryan era la única persona a la que podía imaginarse sirviendo un vino tan espléndido.

—¿Quién es Bryan? —preguntó Jennifer.

Victor sonrió. Yo ya había presentado a ambos hacía años, y, desde entonces, se habían hecho buenos amigos. Deposité la estilizada copa de vino sobre la mesa de oscura caoba y expliqué que Bryan era uno de los dos vendedores más geniales que había tratado.

Conocí a Bryan cuando yo vendía equipos de alta fidelidad a la vez que iba a clase. Era brillante e intenso en su comportamiento y eso formaba parte de su genio para las ventas. De hecho, la intensidad era la característica más destacable del estilo de vida de Bryan. Para relajarse escalaba montañas, montañas grandes, como el Half Dome en Yosemite. Como transporte adquirió el único Alfa Romeo Montreal de Estados Unidos, sabiendo de sobra que no podría matricularlo. Como lecturas escogía *Finnegan's Wake* y los sutras budistas. Calzaba botas de montar, bebía vino de reserva y era adicto a las pastillas de menta. Tenía las manías y la clase de una leyenda viva de las ventas.

Sus logros en las ventas y su gran carisma atrajeron la atención de una joven y próspera industria. De hecho, no era raro que otras compañías enviasen a sus vendedores para que se hiciesen pasar por compradores, con la esperanza de poder descubrir algún secreto acerca de su éxito. Se dedicaba a la venta en una época en la que no existían los productos de vídeo y muy pocos autorradios, lo que significaba que sus ventas se reducían sobre todo a los componentes de audio domésticos.

Cada diciembre, sin excepción, vendía entre 80.000 y 90.000 dólares en componentes de audio. Hasta la fecha, sus mejores resultados en la campaña de Navidad habían alcanzado los 93.000 dólares, con un elevado porcentaje de beneficio neto, pero a él le parecía poca cosa. Aunque nadie en la industria de los consumibles electrónicos había llegado a vender esa cantidad en un solo mes, Bryan pensaba en ello en términos de lo que él denominaba «club de los cien», y se lo mirase como se lo mirase, 93.000 no eran 100.000.

Recuerdo cuando me dijo que la campaña de diciembre de 1973 iba a ser diferente y que no iba a pensar en cómo lo haría, simplemente iba a hacerlo. Tratándose de Bryan yo sabía que tenía que haber mucha planificación y baile de números, pero sabía a qué se refería cuando afirmaba lo contrario. Cuando un equipo campeón sale al terreno de juego para jugar un partido o hace su aparición en la pista central de Wimblendon, o bien espera que caiga la bandera de salida en un gran premio de automovilismo, es cuestión de simplemente hacerlo.

Bryan solía decir que vender era la única razón que tenía para ir a la tienda. No iba a ir para comprar —ya tenía un equipo estéreo— y tampoco iba para socializar con el resto del personal; contaba con suficientes amigos fuera de la tienda.

—Hay que estar presente de todas las maneras posibles, con una extraordinaria presencia de cuerpo y mente. Estar aquí y allí al mismo tiempo —decía a un grupo de vendedores que siempre se reunían cerca de la puerta principal, esperando la entrada de posibles compradores.

Él tenía sus propias ideas al respecto:

—Hay que ser capaz de saludar a un cliente desde el lado contrario al que se encuentran los vendedores de la entrada y atraerlo directamente hacia ti.

En una ocasión ése fue su plan y su manera de divertirse.

Una atención perfecta, sentido de la oportunidad e implicación total..., algo que Bill Walton, el gran jugador de baloncesto, llamaba «estar en el fluir».

El plan de Bryan no consideraba las usuales dilaciones que implica la venta al por menor. Si uno pasa mucho tiempo en el almacén comprobando las existencias, arreglándose la indumentaria o bien revisando las facturas del día anterior, se puede llegar a perder una venta. Todo eso tendría que haberse hecho antes o después del horario de venta al público. Y en la agenda diaria de Bryan no había sitio para acciones casuales o poco sólidas. Si te dabas la vuelta en el momento equivocado, te pasabas demasiado tiempo ordenando el material de demostración, te pillaban en el lado equivocado del mostrador, pasabas demasiado rato desayunando o almorzando, te tomabas tu tiempo para acabar de contar una anécdota o para responder a una llamada de teléfono cuando un cliente entraba por la puerta, corrías el riesgo de perder un negocio.

En la empresa corría el rumor de que Bryan conseguía realizar ventas antes de que la tienda abriese. Entonces, un día, tres de nosotros regresamos de una reunión de ventas que había tenido lugar a primera hora de la mañana, y encontramos a Bryan hablando con un cliente en la acera, escribiendo algo en un pequeño bloc de notas forrado en cuero que siempre llevaba consigo en el bolsillo trasero. Bryan y su cliente se apartaron a un lado cuando el encargado abrió la puerta, y a continuación, el cliente siguió a Bryan al interior de la tienda y compró una cadena valorada en 2.000 dólares. Yo estaba un tanto asombrado; conseguir una gran venta antes de que abriese la tienda era una manera estupenda de empezar el día.

Mi mayor sorpresa respecto a Bryan fue descubrir que trabajaba igual de duramente antes y después de las horas de atención al público que cuando se encontraba en la tienda. Un viernes por la mañana llegué temprano y, mientras subía por las usadas escaleras que conducían al almacén, oí a Bryan hablando con un cliente:

—Recuerde, John, es una decisión que usted debe tomar, pero no obstante, estoy de acuerdo: sería un regalo perfecto para su hija. Ese regalo siempre representaría un recuerdo muy especial para ella.

Cuando acabé de subir las escaleras, llegué al rellano y torcí la esquina, me encontré a Bryan paseándose frente al mostrador de pedidos, que aparecía cubierto de facturas rellenadas. La caja del teléfono colgaba de los dedos de su mano izquierda mientras sujetaba el auricular entre la mejilla y el hombro, y tomaba notas con la mano derecha.

—Recuerde que el sábado es el día más intenso de la semana... ¿El domingo? A las dos de la tarde sería perfecto... Estaré encantado de conocerla. Se llama Amy, ¿verdad? Pues hasta el domingo.

Colgó el teléfono, se giró hacia mí y me dijo:

—Buenos días, Stan, hoy llegas pronto.

—Buenos días —respondí.

Y entonces, sintiéndome como si fisgase en sus asuntos, le pregunté:

—¿Estabas haciendo algún tipo de seguimiento telefónico, de esos que ya están pasados de moda?

—Seguimiento..., ventas..., llámalo como te dé la gana.

Daba la impresión de hallarse un poco incómodo, tal vez porque ese procedimiento estaba pasado de moda (por razones erróneas) o puede que porque resultase demasiado profesional para la imagen carismática, firme y de superestrella que se las arreglaba para proyectar con tanto aplomo.

—Te diré qué vamos a hacer —me dijo, volviéndose hacia mí y mirándome a los ojos—. Yo no le diré a nadie cómo haces tú los negocios si tú no explicas cómo los hago yo. ¿Vale?

Estuve de acuerdo y le pedí que me explicase más al respecto. Yo ya sabía que no era un vendedor como él, pero sí que sabía lo suficiente para reconocer cuándo se presenta una oportunidad de aprender.

—Pues se trata de llamar personalmente a cada cliente a las cuarenta y ocho horas de la venta

—empezó a contar—. Llamas para saber cómo están disfrutando de su equipo o componente. «Disfrutar» es la palabra clave, y ninguna venta es demasiado pequeña como para no merecer una llamada. Las pequeñas crean las grandes y las grandes significan muchas más pequeñas. Siempre que consigas un récord en la cifra de ventas, lo mejor es optimizarlas si lo que quieres es hacer buenos negocios durante el resto del año. Recuerda: «¿Cómo disfruta de lo que usted compró?» No de lo que yo le vendí, sino de lo que usted compró. Claro está, no llamas para obtener referencias o para realizar más ventas, pero no obstante, sabes que en cada llamada de seguimiento existen más ventas inherentes, y depende de ti el hacer las sugerencias apropiadas basadas en lo que el cliente te cuenta durante la venta inicial. Para ello, tienes que haber escuchado y tomado nota de quién tiene el equipo que les gusta, o quién el que no les gusta, o bien quién querría tener un equipo como el que ellos compran. Todos esos son cabos sueltos, cosas que tienes que recordar, detalles que no hay que dejar pasar en la excitación de una primera venta.

Bryan realizó una pausa, movió los hombros para relajarlos y continuó:

—Te diré algo más, Stan. Esta tienda está llena de mentalidades de una sola factura. Resulta patético, pero también es una ventaja para ti. La mayoría de los vendedores no realizan seguimiento por dos razones: la primera, porque significa más trabajo y porque probablemente estén en las ventas porque no les gusta trabajar duro y, en segundo lugar, porque no tienen confianza en cómo han realizado la primera venta al cliente, de manera que piensan que si llaman tal vez tengan que enfrentarse a un problema. Ésa es la premisa de trabajo de un mal vendedor. Lo que el vendedor medio no comprende es lo siguiente: si el cliente no te ha llamado todavía, es que no hay un problema que sea de urgente resolución. Existen muchas posibilidades de que en caso de darse algún contratiempo pueda ser solucionado por teléfono, algo como ajustar un control o conectar un interruptor de más a menos. Ése es el tipo de problema cuya resolución puede convertirte en un héroe. Y como menos del uno por ciento de los vendedores realizan ningún tipo de seguimiento consistente, eres un héroe con la ventaja de un ganador: haces algo que funciona y que nadie más se molesta en hacer. Hay algo más que considero importante.

Bryan se tomó un respiro y me miró con una expresión que quería decir: «¿Debo continuar?». Asentí.

—Cuando has acabado de realizar tus llamadas matinales, vende algo lo antes posible. No importa el qué, un casete, una cinta limpiadora, un cable de altavoz, lo que sea. Crea un ímpetu inmediatamente. Y cuando hayas finalizado con las llamadas de la noche, vete a la cama y duerme bien. Descansa tanto como puedas. Estamos en diciembre, así que eso significa que no lo celebrarás hasta enero. Aliméntate bien antes y después del trabajo, tomando un tentempié de vez en cuando. Bebe mucha agua, toma tanta vitamina C como te tolere el cuerpo, y si todavía tienes algo de tiempo libre, busca un sitio donde puedas no hacer nada y escúchate respirar sin ser molestado, o bien lee un libro que te conmueva.

Se puso las manos en las caderas y levantó los hombros.

—¿Está claro?

Asentí. Bryan sonrió y me dio una palmada en el hombro para sellar las confidencias que había compartido conmigo.

Con su largo cabello que le llegaba a los hombros y su barba bien recortada, daba la impresión de ser uno de los Tres Mosqueteros y yo D'Artagnan. Echó una mirada a su inclasificable Rolex, sacó su cajita de pastillas de menta y me dio una, mientras decía:

—La tienda está abierta y nosotros estamos en el sitio equivocado.

Le seguí escaleras abajo y le observé acercarse a un cliente, darse un apretón de manos y mostrarle el camino hacia una de las salas de sonido. No hubo ninguna duda en su comportamiento; era como si él y el cliente tuviesen una cita. Ahora yo era el único de la tienda que sabía que realmente era una cita.

En diciembre de 1973, Bryan vendió 102.000 dólares en equipos de alta fidelidad, un récord que se mantuvo mientras la empresa permaneció en el negocio.

Les dije a Carrie, Victor y Jennifer que yo siempre me había sentido impresionado por la cifra ciento dos. Era precisamente el dos el que hacía que se hubiese alcanzado el objetivo, que se hubiese marcado un récord, y que fuese un mes que nunca olvidaría.

—¿Qué hace Bryan ahora? —preguntó Jennifer.

—Tiene un viñedo en Mendocino —respondí—. Es lo que siempre dijo que quería. Cada año consigue un número récord de medallas. Formaba parte del plan.

Recuerdo a Bryan quitándose un día el reloj de muñeca y tendiéndomelo. Dio unos golpecitos en el cristal y me dijo:

—Mira mi reloj y dime una cosa, ¿qué hace la manecilla del segundero?

—¿Esa pregunta tiene truco? —pregunté.

—No lo sé.

—La manecilla del segundero circunscribe un minuto de tiempo, o bien envuelve los numerales del 1 al 12 sesenta veces y nos proporciona la medida de una hora de tiempo. O tal vez su objeto sea simplemente el movimiento, una especie de motivo decorativo mecánico. Depende de quién lo mire. Para otra persona podría ser un cronómetro de precisión inescrutable. ¿Qué es la manecilla del segundero para ti?

—Stan, para mí, la manecilla del segundero es sólo eso. Es una manecilla de segundero. La razón por la que está en el reloj es porque marca los segundos, uno a uno. No mide minutos ni hora, sólo segundos. Todo lo que hago o consigo en la vida es segundo a segundo. Nos iría mejor si tuviésemos más en cuenta los segundos, en lugar de los días, años o milenios. También nos lo pasaríamos mejor donde quiera que estemos presentes de manera inextricable en el gran contexto del tiempo.

Le devolví el reloj. Mientras se lo colocaba en la muñeca y operaba el cierre, miró al techo y dijo:

—Algún día me gustaría tener algo de tierra y saber qué hacer con ella, pero sería como disponer de una cantidad de tiempo superior a la que ahora podría utilizar, y nunca me he permitido un lujo de esa clase. Para mí, la tierra es algo como el tiempo... Si tuviese más tierra de la que pudiera utilizar, dispondría de tiempo para hacer algo bueno. ¿Te parece que eso suena como un plan, Stan?

La sonrisa que aparecía en su rostro daba la impresión de que sabía algo más de lo que parecía corresponderle en esos tiempos.

## ❈ Capítulo 8 ❈

# Concédase una segunda oportunidad

*No te dejes arrastrar por la intensidad de la impresión.
En su lugar di: «Impresión, espérame un poco».*

Epicteto

«Nunca se dispone de una segunda oportunidad para dar una buena primera impresión.» Esa perogrullada forma parte de casi todos los seminarios sobre ventas, aparece cada vez que un padre sermonea a sus hijos, en todos los consejos que se dan a los jóvenes que buscan trabajo. Y es así por una buena razón: porque es cierto.

Para comprobar el poder de esta frase tan familiar, tómese un instante y piense en alguien al que conoce bien y a quien ama. ¿Se acuerda de la primera vez que se vieron? No importa si fue ayer o hace treinta años; no podrá olvidar esa primera impresión aunque lo intente. Siempre está ahí, dispuesta a ser instantáneamente recordada, un criterio visual que utilizamos para juzgar a la gente que aparece en nuestra vida.

Y no obstante, si somos lo suficientemente sabios, podemos equilibrar ese consejo clásico con una mirada al anverso. A veces esperamos demasiado de nosotros mismos y de la gente a la que conocemos. Permitimos que las primeras malas impresiones sirvan como excusa para no tener que valorar situaciones de nuevo y dar una segunda oportunidad a las personas. Tras una primera mala impresión, tomamos una decisión instantánea: lo hemos oído, visto, probado, sentido, y no nos gusta; es hora de pasar a otra cosa. Confiar completamente en las primeras impresiones es imprudente y derrotista. También es injusto.

Pensemos en todas esas ocasiones en que las cosas no han ido bien: cuando nos hemos preparado para la ocasión pero todo se ha estropeado antes de llegar, cuando todo lo que decíamos estaba equivocado, cuando sonreíamos pero lo propio era parecer preocupado, cuando dijimos «sí» y tendríamos que haber dicho «no», o cuando hicimos una demostración que habíamos ensayado demasiadas veces y que cuando llegó la hora de la verdad sonó fría y distante. Recordemos esas primeras malas impresiones; después, tomémonos un instante y demos las gracias a todas las personas que fueron lo suficientemente generosas y sabias como para darnos una segunda oportunidad.

En ocasiones, los vendedores tienden a mostrarse muy parcos con las segundas oportunidades. Cuando se empieza con el pie equivocado, resulta muy fácil parar y dejar de intentarlo en lugar de tratar de empezar de nuevo de otra manera. Y lo que es todavía peor, cuando los clientes no satisfacen nuestras expectativas o no encajan en nociones preconcebidas, somos capaces de dejar de comunicarnos y en su lugar empezar a mostrarnos condescendientes sin ni siquiera llegar a darnos cuenta.

Si dejamos que las primeras impresiones gobiernen nuestras vidas, podemos estar seguros de que acabaremos malinterpretando más de lo que comprenderemos, lo que significa que experimentaremos menos en lugar de más. Eso significa vivir menos, y ésa no es precisamente la idea que subyace en las ventas... ¡o en cualquier otra actividad!

La próxima ocasión en que obtenga una primera buena impresión, apréciela en lo que vale y procure mantenerla. La siguiente ocasión en que se encuentre frente a una mala primera impresión, dé marcha atrás, emplee la empatía y dé a esa persona o situación otra oportunidad.

Dicen que nos hacemos nuestra propia película, así que tómese el tiempo necesario para una segunda toma, por si acaso. Es lo menos que puede hacerse.

Hace poco tuvo lugar un incidente que me hizo detenerme y sopesar la importancia relativa de las primeras impresiones. Victor llamó para preguntar si me gustaría dar un paseo en su nuevo coche. Pocos minutos después entraba en el camino de entrada a casa sentado tras el volante de un Austin Healey Mark II de 1962, rojo. Había bajado la capota y mostraba una sonrisa de oreja a oreja, como un niño.

—Sube, te daré un paseo.

Me subí al coche, sintiendo cómo se estiraba el cuero del asiento bajo mi peso. El olor del coche era ese que sólo tienen los vehículos de época, una mezcla de maquinaria bien engrasada, combustible de elevado octanaje y accesorios pulimentados. Victor apretó suavemente el acelerador, acentuando el suave y tranquilo runrún del motor, y dijo:

—¿Qué te parece?

—Es precioso —contesté, sonriendo al viento mientras el automóvil cogía velocidad.

Le pregunté si Jimmy, el vendedor de coches al que acostumbraba acudir Victor, le había encontrado éste.

—No, Jimmy no tiene nada que ver. Éste lo ha encontrado Victor. El año pasado mi amiga Jennifer me invitó a visitar una propiedad especial que acababa de entrarlos en la oficina.

Mientras nos aproximábamos a una pendiente, Victor hizo una pausa, puso la marcha larga y colocó el coche en el carril rápido.

—Era una bonita casa, de estilo Maybeck. Decadente, pero lo suficientemente distinguida como para no tener que meterse en reformas. Cuando llegamos ante la puerta, que aparentemente llevaba al garaje, tuvimos que darle un buen empujón, porque se había quedado atascada. Se abrió y allí, a través de una espesura de telarañas, vinos el perfil de un polvoriento Austin Healey, con la capota destrozada, que se hallaba en el centro del oscuro garaje. Nunca olvidaré la primera impresión que tuve al ver ese coche. *Este* coche —dijo, y apretó el volante como para asegurarse de su presencia.

»Me pareció una lástima que un vehículo tan bonito como éste estuviese criando telarañas; sentí ganas de llevarlo a urgencias. De eso hace seis meses. Después de hacer un sinnúmero de llamadas telefónicas a Brasil y de un montón de correspondencia cruzada, finalmente pude registrarlo, obtener un certificado de propiedad e iniciar el proceso de restauración.

—Ha valido la pena, Victor. El coche es precioso.

—Gracias —contestó.

Empezaba a hacer fresco, así que descendimos del coche, colocamos la capota y aseguramos los laterales; después tomamos el camino de regreso.

Ambos estábamos tranquilos, saboreando, cada uno a su manera, el placer de aquella estupenda máquina, cuando, de repente, por el rabillo del ojo capté un movimiento en el borde de la autopista y luego escuchamos el estrépito de un golpe cerca de la capota del coche. Algún idiota nos había tirado una enorme piedra.

Victor maniobró y dirigió el coche al arcén tan pronto como fue posible. En su rostro se observaba una expresión de rabia y dolor, como si la piedra le hubiese dado a él. Ambos saltamos del coche y empezamos a correr, decididos a atrapar a aquel vándalo.

No tuvimos que ir muy lejos. Un chico trataba de ocultarse tras algunos arbustos, por detrás del margen de la autopista, asustado y gritando:

—Lo siento, lo siento de veras —sollozaba—, pero es que nadie se paraba a ayudarnos.

Estirado en el suelo junto a él se encontraba un chaval todavía más joven, con las mejillas manchadas de lágrimas.

—Es amigo mío —dijo el chico mayor, hablando tan deprisa como podía—. Estábamos trepando por aquella montaña de allí cuando resbaló y se cayó, y ahora no puede caminar. Creo que necesita ayuda urgente, y cada vez que he tratado de hacer señales a los coches que pasaban, ellos me saludaban con la mano y seguían su camino. Así que tiré una piedra; espero no haberles hecho daño, ni haber dañado su coche, señor, pero es que mi amigo necesita ayuda.

Miré a Victor y supe que estaba tratando de compensar su primera impresión. «Las cosas no siempre son lo que parecen», pensé para mí mismo. Se trataba de un chico valiente que estaba dispuesto a jugársela por un amigo y que había dado la impresión de ser un vándalo.

Parecía que el chaval herido se había torcido el tobillo, así que lo colocamos tendido a lo largo en el asiento plegable. El chico mayor se sentó en el asiento delantero, entre nosotros dos. Mientras llevábamos a los chicos a casa, el mayor dijo:

—Señor, éste es uno de los coches más bonitos que he visto nunca. Espero no haberle causado demasiado daño.

—Sólo es una pequeña abolladura —le aseguró Victor—. Tendrías que haberlo visto hace seis meses.

Victor esperó tres meses para arreglar la abolladura. Una tarde se detuvo frente a mi casa de camino hacia la costa. Le vi entrar en el camino y salí a recibirlo. Ambos nos apoyamos contra el coche, charlando y aprovechando aquel agradable atardecer estival. Pasé el dedo sobre la zona abollada y le pregunté a Victor cuándo se iba a ocupar de ello.

Sonrió suavemente y me dijo que una pequeña abolladura en un impecable Healy era una buena lección. Le recordaba una época en la que pensaba que las primeras impresiones tenían un valor especial.

En lugar de ello, me dijo, hay que mirar dos veces para comprender realmente lo que se está viendo. Mencionó un par de sus pinturas favoritas que colgaban de la pared de su casa y algunos libros que atesoraba.

—Carecerían de todo valor si se mirasen de un vistazo o bien si se leyesen sólo una vez. Lo menos que podemos hacer es extender esa misma generosidad a la gente que conocemos. En demasiadas ocasiones, tanto en situaciones personales como profesionales, he cerrado mi mente y mis ojos con demasiada rapidez. Una mesa de restaurante se convirtió en el estrado de un juzgado. Una reunión se transformó en un juicio. Stan, nunca olvidaré el sonido de esa piedra al golpear contra el costado de este coche. Es una abolladura que sienta bien.

# ❈ Capítulo 9 ❈

# Cuestión de interés

*Cuando hablamos repetimos lo que ya sabemos; cuando escuchamos, a menudo aprendemos algo.*

Gared Sparks

Imagine que después de hacerlo estupendamente al presentar una característica especial de nuestro producto, el cliente dice:

—La verdad es que esa cuestión no me interesa demasiado.

Aparte de la naturaleza de la característica o de lo importante que pueda ser para el producto, la mayoría de los vendedores en esa situación tienen la misma reacción: minimizar la importancia del comentario del cliente o ignorarlo directamente.

Se trata de una respuesta muy comprensible, y de un error también muy grande. Al decir que «esa cuestión no me interesa», el cliente está señalando que no la entiende o bien que siente una especial preocupación por ella. Lo más seguro es que la respuesta signifique que no tiene claro cómo la utilizará o para qué la necesita. Al decir que no le interesa, el cliente en realidad está pidiendo una aclaración.

Expresar preocupación, incluso de una manera tan indirecta, indica que el cliente ha pensado acerca de nuestro producto y que ya tiene una opinión. Si no expresa sus preocupaciones, no estaría realizando su trabajo de comprador responsable.

Nuestra tarea es escuchar y comprender esas preocupaciones, incluso cuando aparecen en forma de comentarios escépticos; reconocer las expresiones de perplejidad del cliente; tratar de percibir aspectos de «sí» en lo que inicialmente hemos escuchado como «no» y tomarnos tiempo para responder de una forma sensible.

Todo es cuestión de enfoque. Imaginemos por un momento que estamos en un avión y el capitán anuncia:

—Tenemos unas cuantas nubes por delante y es posible que suframos unas cuantas turbulencias; por favor, mantengan abrochados sus cinturones de seguridad y en unos minutos aparecerá la señal de que pueden desabrochárselos y volver a la situación anterior.

¿Cuál sería nuestra respuesta? ¿Ignoraremos la última parte del comunicado y nos dará un ataque de ansiedad cuando el avión empiece a ser sacudido? Probablemente no. En lugar de ello, nos prepararemos para dar unos cuantos botes y esperar que el resto del viaje se desarrolle con tranquilidad. Pensemos ahora en las preocupaciones casuales de un cliente como en unos cuantos botes en el camino de conseguir la venta.

Velma, la vendedora de aspiradoras, es un ejemplo clásico norteamericano. Con su mano derecha reposando protectoramente sobre la caja que contiene el aparato, Velma nos pide que traigamos nuestra aspiradora actual a la sala de estar. Carrie regresa con ella, un viejo aparato que pronto se convertirá en el chivo expiatorio de la cháchara publicitaria. A sus propietarios no les preocupa demasiado su destino; una rueda rota y una tendencia a ir hacia atrás cuando la empujamos hacia adelante no son precisamente unas cualidades entrañables.

Velma se acerca a nuestra aspiradora y pregunta:

—¿Qué es lo primero que piensan cuando compran una aspiradora?

—No lo sé —respondo—. ¿En qué?

—¡Suciedad! —exclama ella.

—Ah sí, suciedad —dice Carrie con una sonrisa y no mucho entusiasmo.

—Claro, eso es —apostillé yo—. Suciedad.

Tengo algunos recuerdos en relación con la suciedad a la que se refiere: la del agua de la bandeja de la aspiradora de todo uso. Cuando era niño, mi madre tenía un modelo antiguo de la misma marca, y mi tarea era sacarla fuera y vaciar el agua sucia. Lo odiaba.

Cuando le describo mis recuerdos de infancia a Velma, se ríe y dice:

—Qué tontería. Sólo hay que tirarla por el retrete.

Después empezó a desempaquetar su aspiradora y a limpiar zonas de la moqueta.

A mí no me satisface su solución a mi problema. Mi madre nunca me habría dejado tirar agua fangosa por el retrete. Tampoco estoy muy seguro de querer hacerlo en mi propia casa. ¿Por qué arriesgarse a embozar el retrete para ahorrarse unos pasos? Hay que tirarla fuera, donde pertenece, piensa el Stan adulto. Pero es una tarea miserable, recuerda el joven Stan; el agua fangosa siempre me salpicaba los tenis blancos cuando aclaraba la bandeja en el grifo del patio.

Continuando con su demostración, Velma extrae su «buscador de polvo» —una lámpara de alta intensidad con un mango corto de madera y una pantalla metálica— y empieza a hablar acerca de la calidad del aire. Da un par de pisotones fuertes en la moqueta y enciende su lámpara para iluminar el polvo que se eleva, que se hace extraordinariamente visible.

—Es como para pensárselo dos veces —afirma Velma.

Hacernos pensar dos veces en el polvo es la misión de Velma. Ahora me siento tan cómodo atravesando nuestra sala de estar como cruzando un campo recién arado.

—Bueno, Stan, Carrie, ¿qué les parece? —pregunta Velma.

Ambos sonreímos y asentimos con la cabeza.

—¿Alguna pregunta?

Ambos movemos la cabeza en sentido negativo.

A continuación, Velma alza el aparato a la altura de nuestros ojos y enfoca el rayo luminoso del buscador de polvo hacia el agua que se encuentra en el depósito translúcido. Está lleno de porquería. Luego nos mira, asintiendo rápidamente, y dice:

—¿Ven lo que quiero decir? Es suciedad.

Carrie asiente, pero yo no, y le pregunto a Velma:

—¿Quién va a vaciarlo?

—Stan, dejaremos que usted haga los honores ya que cuenta con cierta práctica.

Velma sabe escuchar, y recuerda lo que ha oído, pero no sabe cómo utilizarlo. Lo único que hace es volver a lanzar mi niñez contra mí. O bien mi comentario le ha parecido trivial o no quiere arriesgarse a hablar de un problema que podría tener repercusiones para su producto.

Yo permanezco en el sofá, sin moverme. Al cabo de unos instantes de incómodo silencio, Velma «recuerda», repentinamente, que ha olvidado algo en el coche y dice que volverá enseguida.

Esa ausencia busca proporcionarnos los minutos de rigor para que podamos tomar la decisión de comprar. En lugar de ello, aprovecho ese tiempo para explicarle a Carrie lo que me parece todo ese asunto de sacar la bandeja de agua fangosa y tener que vaciarla y aclararla cada vez que alguien use la aspiradora. A Carrie tampoco parece entusiasmarle la idea.

Velma regresa y le contamos lo que hemos decidido. Cuando se marcha con su producto, nos entrega el folleto, su tarjeta comercial y nuestro regalo gentileza del promotor, que colocamos en un lugar apenas visible.

Fui a visitar a Victor un par de semanas más tarde y me abrió la puerta su asistenta, así que decidí averiguar su opinión sobre la cuestión del aspirador. Le preguntaba qué clase de aspiradora prefería cuando Victor apareció por el pasillo.

—¿A qué viene ese repentino interés por las aspiradoras, Stan? —me preguntó con perplejidad.

Le expliqué todo el asunto de Velma y la aspiradora, y le describí de qué manera había restado importancia a mis preocupaciones.

—Bueno, Stan —empezó a decir cuando acabé el relato—, los vendedores de aspiradoras a domicilio son tan tópicos que resulta tentador considerar todo lo que pasó como si fuese una broma. Pero de hecho, ésa era una situación de venta tan legítima como cualquier otra, y Velma la echó por la borda sin pensárselo dos veces.

A estas alturas de la conversación ya nos hallábamos sentados en la biblioteca de Victor. La asis-

tenta debía haber acabado de hacer esta pieza porque en el aire flotaba un aroma de aceite de limón
para muebles.

—Hay muchas cosas que Velma podría haber
hecho cuando te quejaste de la bandeja del agua.
Podía haber mencionado que el sistema de filtra-
do había mejorado enormemente con respecto al
modelo que utilizaba tu madre y que la bandeja no
necesitaba ser vaciada tan a menudo.

Era propio de Victor saber ese tipo de cosas.

—También podía haberte mostrado el nuevo
sistema de anclaje de la bandeja, que resulta más
fácil de poner y quitar. O, en plan idea, podía haber reconocido que tenías toda la razón acerca de
la molestia que significaba toda la operación, pero
insistir en que a cambio el aparato hacía un trabajo de limpieza en profundidad.

Victor iba contando con sus dedos todas esas
sugerencias y yo asentía, totalmente de acuerdo.

—Pero en lugar de eso prefirió quitarle importancia a tus resistencias. Ignorar las preocupaciones de un cliente equivale a oír decir a alguien
que no sabe nadar, tirarle al agua y luego sorpren-
derse cuando grita pidiendo auxilio —afirmó, sacudiendo la cabeza con pesar—. Claro está, los
clientes no gritan pidiendo socorro, sino que uti-
lizan una de las múltiples variaciones del «nos lo
vamos a pensar» y, con una sonrisa totalmente falta de sinceridad, se van y te dicen adiós.

## ❧ Capítulo 10 ❧

# Érase una vez

*La principal equivocación de la humanidad es suponer que yo estoy aquí y que usted está por ahí fuera.*

*Roshi* Yasutani

A veces los vendedores se quejan de que tienen un mal día o un mal mes, como si se tratase de una salida a pescar. Dicen cosas como: «No sé, pero ha sido un mes muy malo», y sacuden la cabeza como si se hallasen totalmente confundidos a causa de la misteriosa escasez de ventas. Nunca da la impresión de que pudiera ocurrírseles preguntarse a sí mismos por qué algunos vendedores tienen un buen mes al mismo tiempo que ellos tienen uno malo.

Es como preguntarle a un pescador si ha tenido suerte. Sacude la cabeza, absorto en el trémulo brillo del agua, y dice:

—No, hoy no ha picado nada.

Si permanecemos el suficiente rato a su lado, acabará diciendo algo del estilo:

—¿Ve aquel tipo de allí? Acaba de atrapar uno grande hace unos pocos minutos.

Puede que la razón radicase en la diferencia de cebo, del sitio, del equipo o la técnica, o tal vez supiese que el pez puede ver al pescador mejor que el pescador al pez.

Tanto vendedores como pescadores pueden tener buenos y malos días, pero nunca recuerdo estar en un lago o vendiendo donde no hubiese alguien que pescase o vendiese algo. Y podemos estar bien seguros de que ese «alguien» estaba haciendo algo que el resto no hacía.

Algunos pescadores esperan a ver si pican y otros salen a pescar. Algunos vendedores esperan que la venta llegue por sí misma, mientras que otros las crean. La diferencia no estriba en el tiempo que invertimos en ello, sino en la energía que ponemos en el tiempo que invertimos. A nosotros nos toca elegir.

Antes de que Bryan alcanzase el estatus de superestrella en el ramo de la electrónica de consumo, vendía equipos estereofónicos en una tienda del suburbio californiano de Hayward. Allí fue donde conoció al señor Brown, el cliente que le enseñó la diferencia entre recibir pedidos y realizar una venta.

Era uno de esos lentos días de primavera a mediados de semana que ponen a prueba la paciencia de los vendedores novatos. La tienda se hallaba vacía de clientes y daba la impresión de que no había nada que hacer excepto esperar a que aparecisen.

Bryan se paseaba de un extremo a otro de la tienda, apretando botones, ajustando controles de balance, poniendo en marcha transistores, apagándolos. Cuando escuchó una de sus canciones favoritas en FM, se dirigió al equipo más grande, sintonizó la emisora, y subió el volumen hasta que el altavoz empezó a difundir esos sonidos de chisporroteo que los entendidos denominan «recortes». Finalmente, fruto del mayor de los aburrimientos, empezó a cambiar las torres de uno de los sistemas. Se hallaba conectando los cables cuando escuchó que alguien decía:

—Vaya, fíjate en todo *esto*...

Bryan levantó la vista y vio a un anciano con los brazos en jarras que echaba un vistazo a la tienda. El hombre sostenía un palillo en una de las comisuras de la boca y daba la impresión de que estaba a punto de echarse a reír.

Bryan dijo:

—Buenos días, ¿qué tal está?

El hombre continuó mirando por la tienda.

—Jesús, nunca había visto tantos altavoces en mi vida.

—¿Le interesan los altavoces?

El hombre no respondió. En lugar de ello, se quedó mirando la barba de Bryan. En esos días, en Hayward, una barba era algo que te dejabas crecer en plan jocoso durante la celebración de la fiesta de los Pioneros. Bryan estaba al tanto de la cuestión de «tratar objeciones» así que, utilizando su tono de voz más diplomático, hizo una pregunta directa:

—¿Le molesta la barba?

—Hijo, si a usted no le molesta a mí tampoco —replicó el hombre—. Yo nunca he tenido. Me pregunto si picará.

—Eso nunca ha sido un problema —contestó Bryan, que no sabía adónde conducía aquella conversación, por lo que no supo qué hacer excepto seguir hablando—. He conocido a varias personas que se empezaron a dejar la barba y se la acabaron afeitando por esa razón, pero yo nunca he padecido ese problema.

—¿En serio? —inquirió el hombre, mientras se frotaba la barbilla—. Bueno, a usted le queda muy bien.

—Muchas gracias —contestó Bryan, que dudó un poco antes de preguntar—: ¿Está buscando un equipo de alta fidelidad?

El hombre se rió afablemente y dijo:

—No, yo no; sólo estoy pasando el rato. Mi esposa está en la tienda de al lado buscando tela para unas cortinas, y como yo nunca había entrado aquí pensé en hacerlo y echar un vistazo —dijo, y sacudió la cabeza con asombro—. Tienen aquí más altavoces de los que he visto en toda mi vida.

—¿Tiene usted un equipo estereofónico? —preguntó Bryan.

—No, no tenemos. Sólo tenemos un viejo to-
cadiscos que no funciona muy bien. De todas maneras no disponemos de mucho tiempo para escuchar música. Es una pena, la verdad. A mí antes
me gustaba mucho.

—¿Le gustaría escuchar algo ahora?

—Si tiene usted tiempo... A propósito, me llamo Brown.

—Yo soy Bryan. Encantado de conocerlo.

—Lo mismo digo, Bryan. ¿Hace mucho que
se dedica a este trabajo?

—No, no mucho —respondió.

Bryan empezó a hablar un poco sobre sí mismo y, según lo hacía, conducía a Brown a una de
las cabinas privadas insonorizadas de demostración. Cerró las puertas de cristal e invitó al señor
Brown a tomar asiento en una de las elegantes sillas giratorias mientras él escogía la música.

Todos los vendedores guardaban su propia selección de discos en estantes cercanos al mostrador
central. Bryan buscó rápidamente entre su montón, sintiéndose un poco tonto al no haber preguntado al señor Brown qué tipo de música le
gustaba. Se detuvo brevemente delante de algunos
discos de jazz pero rápidamente se percató de que
eso era lo que le gustaba a él y probablemente no
al señor Brown. Cuando vio un álbum con los
grandes éxitos de Montavani, instintivamente sintió que lo había encontrado.

Regresó a la cabina de demostración y sorprendió al señor Brown jugueteando con su silla. Bryan puso el disco, tomó la otra silla y se sentó. Mientras la música inundaba la cabina, los dos hombres hablaron tranquilamente de esto y lo otro. Cuando tocaron el tema de la alta fidelidad, el señor Brown le dijo a Bryan, con cierto orgullo, que había comprado una de las primeras consolas que salieron hace años.

—Tenía una tonalidad extraordinaria. Cuando lo ajustaba, se podían escuchar los graves en toda la calle, aunque no sonaba como éste. Nunca había escuchado nada igual.

Durante un rato ambos permanecieron en silencio, tranquilamente sentados y escuchando la música. Bryan se percató de que los ojos del señor Brown parecían estar perdidos en la distancia. De repente, cuando se escuchó el comienzo de una nueva selección, se levantó de la silla y se volvió hacia Bryan, le miró con ojos chispeantes y dijo:

—Espéreme aquí mismo, vuelvo enseguida. No se mueva.

El señor Brown regresó, acompañado de la sonrosada señora Brown, a la que metió apresuradamente en la cabina de demostración, presentándola a Bryan.

—Ahora, Bryan, enséñele lo mismo que a mí. Muéstrele la curva del nivel de fuerza, y los altavoces de dos vías, y cuál es la diferencia respecto a los de tres vías, y vuelva a poner esa canción otra vez.

Bryan volvió a poner el corte y el sonido de violines invadió la cabina. El señor Brown deslizó la mano en la de su esposa y dijo:

—¿Te acuerdas de ésta, cariño? ¿A que suena de maravilla?

Los Brown se sentaron en la cabina de demostración y disfrutaron de la música durante más de una hora. Bryan se mantuvo en un discreto segundo plano, respondiendo a las preguntas y señalando algunas de las características del equipo, pero sobre todo pasando el rato, como entre amigos.

Una hora después, Bryan envolvía un par de altavoces de tres vías, un giradiscos, un sistema de brazo acústico de gama alta, una pletina, unos auriculares y un amplificador. Con un poco de ayuda por parte de Bryan, el señor Brown le había vendido el equipo a su esposa. Mientras tanto, la señora Brown había encontrado la tela adecuada para las cortinas. Ambos parecían sentirse felices por los hallazgos realizados.

Los Brown le dieron las gracias varias veces a Bryan por haberse mostrado tan considerado.

—Ya sé que se ha tomado muchas molestias por nosotros y se lo agradecemos mucho —añadió el señor Brown.

Más tarde, cuando Bryan me contó la historia, dijo que uno de los amables comentarios le sacudió como un rayo. Cuando el señor Brown dijo aquello de «se ha tomado muchas molestias», Bryan comprendió que hasta entonces lo único que había hecho había sido recibir pedidos y rellenar facturas.

El señor Brown abrió la portezuela del coche a su esposa, y antes de que ella entrase, él le guiñó el ojo a ella y dijo:

—Este chico tiene una barba estupenda, ¿a que sí?

Bryan se rió y se dirigió de vuelta a la tienda sabiendo que acababa de *crear* su primera venta.

Según iba desarrollando sus habilidades y descubriendo su talento especial, Bryan nunca dejó que estereotipos o preferencias de edad, sexo o posición, limitasen su efectividad. No prejuzgaba a nadie. Se sentía motivado por la presencia de un puro y simple cliente. Si en la tienda había alguien que no vendía equipos estereofónicos entonces es que esa persona era un cliente y pronto estaría comprándolo. Era un presupuesto de trabajo que no permitía falsas excusas.

Ese lejano miércoles por la mañana, cuando la tienda estaba mortalmente tranquila, Bryan podría fácilmente haber asumido que el señor Brown estaba simplemente mirando y no haberle dedicado demasiada atención. Cuando el señor Brown mostró cierto interés por los altavoces, Bryan podía haber limitado su demostración a los altavoces que colgaban de la pared, ya que nadie más los utilizaba, en lugar de dar el paso de preparar la cabi-

na privada. Al escoger la música, podría fácilmente haber seleccionado su disco favorito en lugar de
mostrarse sensible hacia el estilo del cliente. Y, sobre todo, podría haber limitado sus comentarios al
producto, en lugar de tomarse tiempo para conocer al señor Brown y dejar que se desarrollase una
conversación auténtica.

Con esa venta realizada a los Brown, Bryan
puso en práctica de manera instintiva una filosofía
que sólo más tarde pudo poner en palabras, y que
se convirtió en uno de sus temas principales: *Las
cosas suceden a causa de otras cosas que hicimos antes.*


Unos cuantos años más tarde, cuando Bryan y
yo estuvimos trabajando juntos, recuerdo un día
que fuimos a almorzar juntos. Le habíamos dicho
a otro vendedor que nos acompañase, pero dijo
que se hallaba con un cliente.

Durante el almuerzo, Bryan parecía estar pensando en algo, tratando de hallar respuestas en su
mente. Finalmente, dejó el sándwich sobre el pla-
to y dijo:

—¿Sabes, Stan? No puedo entenderlo. La
gente siempre está diciendo: «Estoy con un cliente», pero, ¿qué significa en realidad? ¿Entienden
realmente lo que dicen?

Le dio un mordisco al sándwich y luego pasó
a responderse su propia pregunta.

—No creo que lo entiendan. La cuestión no

es dónde está el vendedor, sino dónde está el cliente. El cliente no está paseándose por la tienda, ni siquiera está en una de las cabinas de demostración. El cliente no está sólo mirando, comprando o pensándoselo o comparando precios. El cliente está de pie frente a nosotros, sólo con nosotros, con nadie más.

Bryan tomó un largo sorbo de té helado para ayudar a pasar el sándwich y siguió adelante:

—¿Y qué es lo que hace esa persona? *Comprar.* El cliente siempre nos compra. ¿Existe alguna razón para pensar que es de otra manera? Piensa en ello, Stan. Si el cliente no nos compra a nosotros, ¿entonces qué hace *con* nosotros?

# Capítulo 11

# Hace falta tener valor para vender dulces

*Si se siguen todas las reglas, se pierde toda la gracia.*

Katharine Hepburn

En una ocasión, hace muchos años, mientras esperaba la llegada de un tren en Nueva York, me encontré de pie cerca de un hombre mayor que se apoyaba en un bastón y fumaba una pipa de espuma de mar con un tubo ambarino. Realicé un comentario sobre lo clásico del diseño e iniciamos una conversación. En un momento dado me preguntó a qué me dedicaba. Cuando se lo dije, asintió, me miró a través de unas delgadas espirales de humo blanco y dijo:

—La semana que viene cumpliré cien años, y voy a decirle una cosa: no espere que la vida le ofrezca lo mejor a menos que le ofrezca lo mejor de usted mismo.

Tras ese intercambio, él se subió a un tren y yo a otro. Nunca volvimos a vernos, pero no he olvidado sus palabras.

A menudo ofrecer lo mejor de nosotros mismos a la vida es hacer algo diferente, algo único. Nos hemos acostumbrado a buscar las mismas respuestas en los mismos lugares. Hacen falta ganas y valor para intentar algo completamente nuevo, y cuando funciona, cuando nuestro coraje se mezcla con habilidad, entonces estamos en nuestros mejores momentos; cuando no es así, podemos tener un aspecto fatal. Es una elección que está frente a nosotros.

Cuando una nueva idea se materializa en la mente, cuenta con un sabor y una sensación propia. Una vez que la llevamos a la práctica, no se está satisfecho con nada que sea inferior. Incluso si actuar de acuerdo a nuestra idea significa romper las reglas.

Puede significar dar nuestra tarjeta comercial a alguien que está comiendo y que no quiere ser molestado, o bien interrumpir una conversación privada cuando estamos viajando y decirle a la gente del otro lado del pasillo que resulta que vendemos justo el producto del que están hablando.

*A la gente no le gusta que la sorprendan…, la gente tiene derecho a su intimidad…, hay una ocasión para cada cosa.* Todo eso puede ser cierto en general, pero guardar las distancias tiene poco que ver con vender.

Un vendedor que sabe cómo combinar coraje con habilidad puede crear un sentimiento de intimidad en un momento dado…, puede hacer que la gente se interese sin pedirles permiso..., puede descubrir oportunidades en ocasiones inoportunas..., puede hacer que una persona se sienta bien al hacer algo en lugar de sólo pensar en hacerlo.

El coraje en las ventas es en ocasiones un movimiento imaginativo que no pide permiso para manifestarse.


Era un día perfecto para almorzar en La Petite, la pequeña cafetería situada en el centro comercial Town and Country. La docena de clientes que se encontraban en las mesas de la terraza estaban tan ocupados hablando como comiendo, y por ello no pude evitar escuchar fragmentos de conversaciones que se desarrollaban a mi alrededor mientras daba cuenta de un sándwich de aguacate y tomate.

Una mujer en la mesa de al lado explicaba a sus tres amigas que todavía no estaba preparada para ir al psicólogo ni a las actividades de grupo que incluía el programa. Un joven en la mesa de enfrente que llevaba pantalones cortos y botas de montaña, le explicaba a su acompañante un día de excursión que empezaba a dos mil metros de altura y finalizaba por encima de la línea de vegetación, pasando de camino por cuatro lagos «totalmente prístinos». Su amiga le explicaba que el próximo verano lo iba a pasar en el parque Yosemite. Al otro lado, dos chavales vestidos de futbolistas se rociaban a sí mismos y a sus padres con pistolas de agua.

—Johnny, Jessamyn, por favor, dejad las pistolas un rato —les amonestaba el padre, con el dedo en alto y sacudiendo la cabeza—. Por favor, no mojéis a la gente.

Le tiré un pedazo de pan a un gorrión que me miraba expectante desde el borde de la acera. Cogió el trozo antes de que tocase el suelo y echó a volar en dirección al tejado con la inesperada sorpresa en el pico.

Una brisa fresca levantó los manteles de un par de mesas mientras la gente entornaba la mirada y miraba hacia arriba, a la deslumbrante luz del sol. Era uno de esos días en lo que te sientes agradecido por bastantes más motivos que la comida sobre la mesa y sin palabras para poder expresarlo.

De repente, un agudo grito rompió el hechizo.

—Muy bien, señoras y señores.

Me di la vuelta en la silla, buscando con la mirada a la persona que había interrumpido tan abruptamente aquel tranquilo atardecer. Un chico joven, adolescente, con una gruesa coleta de cabello rubio se hallaba en medio de la acera, a escasos metros de mi mesa. Llevaba unos Levis y una camiseta blanca que le iba grande; estaba junto a un gran contenedor de plástico de tapa plegable, que abrió como si se tratase de un caja de atrezzo. Con los brazos extendidos como si fuese a empezar a cantar, ensayó una sonrisa excesiva y se lanzó de cabeza.

—¿Cómo están ustedes? —preguntó—. Me llamo Charles, y éste es un trabajo al que dedico algunas horas. Hoy tenemos guirlaches de cacahuete.

A continuación depositó una caja de guirlaches de cacahuete sobre la acera.

La mayoría de los clientes de la cafetería sintieron un súbito interés por sus ensaladas y sándwiches.

—También tenemos de chocolate —anunció, y colocó una caja de dulces de chocolate junto a la de cacahuetes—. Y dulce de azúcar de coco, melcocha de vainilla y también de fresa.

Mientras hablaba iba sacando una caja de cada cosa, disponiéndolas cuidadosamente en línea.

—Ahora pueden conseguir cualquiera de estas cajas de deliciosos dulces por seis dólares, o bien tres cajas por tan sólo quince dólares.

Nadie dijo o hizo nada. Las conversaciones banales se apagaron y algunos clientes daban la impresión de que se mordían la lengua para no reírse; otros trataban de ignorarle.

Charles se ajustó los pantalones y realizó un esfuerzo para mantener su amplia y enérgica sonrisa mientras decía:

—Por favor, no vengan todos a la vez.

Nadie se movió ni dijo una palabra.

El chico empezó a recoger cuidadosamente cada caja para volverlas a meter en el contenedor. Levantó la vista y dijo, con una última sonrisa.

—He notado que algunos de los sándwiches

que están comiendo tienen cebolla. Una estupenda oblea de crema de menta es probablemente lo que necesitarán al final, y da la casualidad de que resulta que tengo algunas.

Un par de personas sonrieron cuando oyeron al chico, pero prosiguieron con lo suyo sin siquiera mirarle. Finalmente, tras un corto e incómodo silencio, el chaval se encogió de hombros y dijo en voz alta:

—Tal vez haya alguien a quien le gustaría quedarse una caja.

Miró alrededor; nadie respondió.

Mientras cerraba la caja oí que se decía a sí mismo:

—Bueno, lo he intentado.

—Valor —dije, sin pensar.

El chico levantó la vista.

—¿Qué?

—Se necesita valor —expliqué.

—¿Sí? —preguntó en un tono que parecía querer decir «¿Y qué?».

—Ése fue un intento lleno de valor. Algún día funcionará —le dije, pensando más en términos de años que de días.

—Gracias —respondió taciturno.

Le empecé a decir que nadie en mi familia comía dulces, y como mis hijas ahora no estaban, recordé algo que me habían enseñado hacía mucho tiempo: para satisfacer a un cliente, hay que venderle algo. Yo era el cliente y estaba observando a un vendedor en período de aprendizaje con un balance nada positivo y que se marchaba.

—Espera un momento —le pedí—. Te...

Antes de que pudiese acabar la frase, se dio media vuelta y entró en la cafetería.

Le observé mientras se acercaba al mostrador, dejaba el contenedor en el suelo y hablaba con la cajera. Tomó una caja de obleas de menta del contenedor, la abrió cuidadosamente y la colocó en el mostrador, junto a la caja registradora. No vi que se produjese pago alguno. Le dio la mano a la cajera y salió del local con una sonrisa que decía que tenía el control y que se le había ocurrido una nueva idea.

—Señoras y señores —dijo con voz tranquila—. Espero no haberles molestado demasiado, Cuando acaben de almorzar, puede que deseen entrar en la cafetería y degustar una oblea de menta, cortesía de Charles.

Pocos segundos después se levantaron cuatro clientes y se pusieron en fila para comprarle dulces a Charles. Yo era el cuarto de ellos. Al pagarle, le dije:

—Ésa fue una buena venta.

Bajó la voz e inclinó la cabeza a un lado, diciéndome:

—Gracias. Me hizo falta valor.

Asentí y sonreí, y cuando me daba la vuelta para marcharme, oí:

—¿Señor?

Me di la vuelta y extendió su mano. Mientras nos dábamos un apretón, dijo:

—Funcionó hoy.

Victor apareció al día siguiente para entregarle a Carrie un libro de cocina que ya no se editaba y que contenía una receta que le pedía desde hacía años. Yo había puesto los guirlaches de cacahuete en una bandejita en la mesa de la sala de estar y le había animado a que tomase uno.

—Pagaste un buen precio por una buena historia —dijo—. En cuanto a las galletas... Bueno, el chico sabía lo que hacía falta para venderlas. Se imaginó que si se daba por vencido todo el mundo le compraría una caja. Sólo tenía que pensar en cómo *casi* abandonar. Estoy seguro de que asumió que una vez que probasen gratuitamente una de sus obleas de menta, la gente querría comprarle algunas.

Victor tomó otro trocito de guirlache.

—Cada vez saben mejor —dijo, y continuó—: Y eso estuvo muy bien pensado, pero con lo que no contó fue con el espíritu generoso de la mayoría de las personas. A la gente le gusta ser amable y ayudar a los demás; lo que ocurre es que les resulta muy difícil encontrar una manera cómoda de hacerlo. Así que después de que el chico hiciese un último intento, pidiendo que le comprasen sólo una caja, se dio cuenta de que podía marcharse avergonzado o tratar de hacer algo nuevo, algo que no estuviese en ningún manual. Aunque su idea no hubiese funcionado, al menos podría decirse que lo había intentado.

—¿Sabes, Victor? Para ser tan joven tuvo una idea estupenda.

—Lo fue. Pero la idea de verdad no fue la de sacar la caja para la degustación gratuita. La verdadera idea es algo que tú le ofreciste en el momento adecuado, algo llamado valor. Fue una buena idea..., siempre lo ha sido.

# Capítulo 12

# El principio del estuche
# de cerillas

*Un hombre de negocios es un híbrido entre un bailarín
y una calculadora.*

Paul Valéry

No pierda el tiempo celebrando su primera venta
con un cliente. La segunda venta con el mismo
cliente es la que cuenta. Porque es entonces cuando el cliente está diciendo que hay algo único, encantador o especial en usted. Cuando sucede eso
es que hemos hecho algo durante el proceso de la
venta que le ha gustado lo suficiente como para
querer volver a hacer negocios con nosotros.

Puede que le hayamos impresionado y captu-
rado su corazón mediante unas impecables habilidades comunicativas y una insuperable demostración, o puede que simplemente se iniciase una
conversación que ambos quisimos proseguir. Tal
vez intuimos una sensación y colmamos una necesidad en el momento preciso. Sea lo que fuere, fue
objeto de una extraordinaria atención por parte

del cliente y fue lo bastante bueno como para iniciar una relación comercial que nos proporcionará un apoyo moral y financiero regular.

Repetir negocios es nuestra única seguridad y, en última instancia, la única y verdadera muestra de nuestro talento y éxito.


Una noche, hace varios años, me detuve en casa de Victor para devolverle un libro que me había prestado, y me invitó a pasar a la biblioteca para beber un vaso de vino.

Ustedes y yo tenemos garitos; Victor cuenta con una auténtica biblioteca. Las paredes están pintados de un curioso tono de verde sobre el que nunca he hallado palabras para definirlo, y los sillones son mullidos, de color henné. En esa habitación debe de haber cerca de mil volúmenes, y estoy seguro de que Victor los ha leído casi todos.

—Iba a encender la chimenea —anunció Victor—. Alcánzame la caja de cerillas, por favor, Stan.

En la repisa donde señalaba se encontraba un pequeño cuenco de loza de barro que contenía un estuche de cerillas, cuidadosamente colocado. Era bastante viejo y ya no quedaba ni un fósforo. ¿Por qué lo guardaría?

—Victor, ¿qué es esto?

—Ah, no, ése no. Ése es especial. ¿No te he explicado nunca la historia?

En la parte interior de la tapa del estuche había

una rejilla dibujada a mano con tres columnas y cuatro filas que contenían signos más y menos, así como señales de aprobación.

| PRINCIPIO | FIN | |
|---|---|---|
| + | + | ✓ ✓ ✓ ✓ |
| − | − | |
| − | ✝ | ✓ ✓ |
| + | − | |

—De acuerdo —dije—. Me rindo. ¿De qué se trata?

—Siempre he pensado en ella como en el principio de la caja de cerillas.

Victor encontró algunas cerillas y consiguió encender el fuego, para a continuación disponerse a contarme la historia.

En 1959, Victor sostuvo una prolongada reunión con un importante inversor en las colinas por encima de Berkeley, en California. Por aquel entonces, Victor era bastante joven, más joven que su cliente, pero la reunión fue un éxito y significó una sustanciosa comisión. Para celebrarlo, Victor decidió dirigirse a Telegraph Avenue y curiosear un rato por las tiendas. Fue a parar a una combinación de tienda de marcos y galería y empezó a revolver en las estanterías de grabados.

Casi se lo saltó, pero oculto entre varios grabados más grandes se encontraba una hermosa pieza que Victor inmediatamente comprendió que no era ordinaria. Resultó ser un Miró, tasado en un precio ridículamente bajo: 12 dólares.

Victor se ofreció a pagar más, ya que estaba claro que había sido infravalorado, pero el propietario se negó.

—No. Todo se debe a su buena vista y su buena suerte. Me alegro por usted. A propósito, soy Jason, el propietario.

Jason estaba realmente encantado por la buena fortuna de Victor. Le ofreció una taza de café expreso (en aquellos días, un trato raro y algo exótico) y un cigarrillo Gauloise. Parecía el complemento perfecto al hallazgo del grabado: un cigarrillo francés, una buena taza de café y unos minutos de amistosa conversación entre dos amantes del arte.

Jason encendió los dos cigarrillos y después escribió algo rápidamente en el interior de la tapa del estuche de cerillas. Victor no pudo resistirse a preguntar sobre ello.

—Forma parte de mi propio y único sistema de mejorar los negocios —respondió Jason—. No tengo mucho dinero para gastar en anuncios, así que sólo cuento con una manera de tratar de que aumenten.

—¿Y cuál es? —preguntó Victor.

—La gente. Me imagino que la única manera de mejorar el negocio es tratar a la gente correctamente. Y la única forma en que puedo saber si lo estoy haciendo es tener un marcador. Así que eso es lo que hago.

Le mostró el estuche de cerillas a Victor —el mismo que ahora sostenía en mi mano— y le explicó su sistema de marcador por medio de más y menos.

Jason había entendido que el auténtico secreto de la venta es una simple cuestión de llevar a cabo una memorable conversación que mereciese la pena. Y había determinado que existían cuatro tipos básicos de conversación: las que empezaban y acababan bien (más/más), las que empezaban y acababan mal (menos/menos), las que empezaban bien y acababan mal (más/menos), y las que empezaban mal y acababan bien (menos/más).

—El último tipo es el más difícil —afirmó Jason—. Hace falta trabajar duro para convertir un ceño fruncido en una expresión que valga la pena recordar. Claro que a veces la gente ya viene de mal humor y entonces no puedo hacer nada para cambiarlo. Eso hace que me sienta mal. Pero el peor dilema es cuando las cosas empiezan bien y luego se estropean. Afortunadamente, no sucede demasiado a menudo.

—¿Así que cada una de esas marcas de aprobación representa una compra? —preguntó Victor.

—Ah, no. Representan buenas conversaciones. Si todo el encuentro resulta positivo, sé que le volveré a vender algo a esa persona; si no es hoy, será otro día. Usted, por ejemplo: ¿cree que volverá a comprarme algo?

—Claro que sí —aseguró Victor.

—Entonces le pongo una marca en la columna más/más. Y como casi es hora de cerrar, también ha conseguido esto. Mañana será otro día.

Y le dio a Victor el estuche de cerillas.

—Disfrute de su Miró.

A lo largo de los siguientes veinte años, Victor hizo negocios con Jason por valor de varios miles de dólares. Victor se convirtió en un coleccionista formal, y sus conocimientos de arte aumentaron enormemente, pero ninguna de sus piezas, decía, le había parecido tan mágica como el pequeño Miró.

Desde que Victor me explicó esa historia, pienso en el estuche de cerillas cada vez que me veo frentre a un estudio sobre el consumo, una auditoría, un cuestionario o algún tipo de formulario sobre estudios de mercado. A pesar de que afirman su validez estadística y de su alto coste, ninguno de esos instrumentos puede compararse con el principio del estuche de cerillas. Jason había conseguido destilar muchos métodos complejos, convirtiendo el resultado en una maravilla de simplicidad, pero —y eso es algo todavía más importante—, es que había iniciado una relación que sería recordada muchísimo más que ningún producto.


Un año más tarde, Victor y yo nos hallábamos sentados en su mirador, que disfruta de una vista panorámica sobre el puente Golden Gate. El sol estaba bajo y su brillante reflejo se perdía en el horizonte del océano. Victor miraba de soslayo tras un par de viejas gafas de sol mientras se paseaba arriba y abajo con su pipa Peterson favorita en una mano y una carta de Jason en la otra. Jason estaba enfermo, y ésta iba a ser una de sus últimas misivas.

Aquella tarde Victor había estado reflexionando seriamente.

—Con Jason pasé de la abstracción biomórfica al expresionismo abstracto —me dijo—. Siempre que me he ido de viaje he traído algo para Jason, y él hacía lo mismo conmigo. Estampas de París y grabados de Nueva York, en realidad nada más que souvenirs, pero compartí con él un par de tesoros que encontré en el departamento de contabilidad de Plandiura, en Cataluña, que le hicieron saltar las lágrimas.

»¿Te das cuenta, Stan? Las cosas maravillosas que uno compra y colecciona se supone que van a enriquecer nuestra vida, y ciertamente así es, pero al final es la persona que los encuentra para ti o que te las vende la que hace que tu inversión resulte impagable. Vale la pena recordarlo, tanto si eres vendedor como comprador.

Bajó a la bodega y regresó con un Le Pin que hacía tiempo que no se veía en las tiendas. Descorchó la botella sin preguntar si me iba a quedar a compartirla. Así fue la tarde, independiente y solitaria, observando la puesta de sol y pensando en cosas que casi duran toda una vida.

# Capítulo 13

# El punto de vista del cliente

*Si se domina bien una cosa y se la comprende bien, al mismo tiempo se perciben y comprenden muchas otras cosas.*

Vincent Van Gogh

¿Cuándo fue la última vez que los clientes nos agradecieron el haberles ayudado a encontrar lo más adecuado? Cuando eso ocurre, ¿suponemos que nosotros vendimos algo o que los clientes lo compraron? La respuesta resulta obvia: ellos lo compraron. Nosotros sólo les mostramos el camino.

Es cuestión de cómo se mire. ¿Qué es para nosotros el «cliente»? ¿Una persona con sentimientos o alguien que tiene la capacidad de decidir y un talonario de cheques? ¿Es nuestro socio o nuestro oponente? ¿Cuál es nuestro objetivo principal, venderle algo, sea lo que sea, o proporcionarle el producto adecuado?

Cuando estamos con un cliente, ¿tratamos de conocer a la persona o simplemente estamos haciendo una demostración de lo mucho que sabemos sobre el producto? ¿Estamos comunicando de

manera genuina o nos preguntamos cuándo deja-
rá de hablar para que nosotros podamos empezar
a vender? ¿Tenemos en cuenta lo que le vamos a
hacer, o lo que vamos a hacer con él?

En una buena venta, nadie le hace nada a nadie, sino que estamos haciendo algo tan bien que
la gente nos da las gracias y nos pide que lo repi-
tamos.

Desde hacía quince años, Carrie y yo nos habíamos prometido a nosotros mismos cambiar la
puerta principal, pero por una u otra razón nunca
nos habíamos puesto a ello. Si no hubiera sido por
Brad podríamos haber esperado otros quince años.

Carrie conoció a Brad cuando estaba a punto
de dejarlo correr, pues ya había decidido que de
este año no pasaba, pero la búsqueda preliminar
no había ido bien. Siempre que se interesaba por
alguna puerta, los vendedores o bien le pregunta-
ban quién era el contratista o le daban un folleto.
Continuamente intentaban sacudírsela de encima
y la trataban con condescendencia, por lo que estaba un tanto desanimada. Daba la impresión de
que la actitud general era del tipo: *hagamos como si
no la viéramos y tal vez desaparezca.*

Entonces, un día, mientras miraba algunos tipos de puertas de bisagras, se le acercó un joven
armado con una sonrisa.

—Parece confusa. ¿Puedo ayudarla en algo?

Carrie salió de su estupor de compradora y dijo que sí.

Al seguir conversando, Carrie se dio cuenta de inmediato de que escoger una puerta era una tarea más compleja de lo que había imaginado. Brad se ofreció a pasar por casa al día siguiente para hablar del tema con nosotros dos.

Al principio me sentí escéptico al respecto —¿hace falta darle tantas vueltas a una puerta?, pensé—, pero al cabo de dos minutos de hablar con Brad, me di cuenta de lo equivocado que estaba.

—La puerta principal es la primera cosa con que se topan las visitas cuando llegan a nuestra casa —dijo—. Y dice un montón de cosas acerca de cómo la gente siente su casa.

Mientras hablaba, Brad pasaba las manos cuidadosamente sobre nuestra puerta, como un doctor examinando a un paciente, con cuidado y respeto.

—Es muy sorprendente. Algunas personas se gastan miles de dólares en remodelar las entradas y luego dejan que cualquiera les coloque la puerta. Me imagino que no hay ningún problema en ello. Quiero decir que es asunto suyo, pero algunas personas no se preocupan por la calidad. Pero si a ustedes les preocupa, entonces necesitan encontrar la puerta que se ajuste.

El entusiasmo de Brad era tan auténtico y luminoso como su cabello pelirrojo. Le aseguramos que la calidad nos importaba y entonces procedió a ponernos al día sobre puertas.

Aprendimos la diferencia entre puertas a medida y de serie. Vimos y palpamos las texturas de muchas maderas diferentes. Escuchamos un interesante discurso sobre la historia de diversos diseños de puertas y cuáles son los apropiados para cada estilo arquitectónico. Lo aprendimos todo acerca de paneles flotantes y estilos decorativos. Nos dieron una completa lección sobre los diversos tipos de cerraduras y las múltiples posibilidades de los adornos metálicos, en términos de estilo y acabados.

Antes de que apareciese Brad, hubiera apostado a que nadie podía llegar a sentir un apasionado interés por los diferentes tipos de tiradores de puerta. Apreciar maderas preciosas es fácil; pero hace falta ser un auténtico especialista para tomarse tanto interés por pequeños detalles como cierres y adornos.

Brad estaba ampliamente preparado con fotografías y muestras.

—Aquí tengo un tipo de tirador que puede que les guste —decía—. Tiene una forma ahuevada en lugar de ser completamente redondo.

Tomé la muestra que me tendía. Tenía un tacto agradable y encajaba muy bien en la mano.

—Me gusta cómo lo siento en la palma de la mano, pero no sé... Estoy acostumbrado al que hemos tenido siempre.

—Entonces probaremos otra cosa —sugirió Brad—. Aquí tengo unos cuantos.

Y así estuvimos toda la mañana. Brad nos mostró todas las opciones, explicó los pros y los contras de cada una, pero insistió en que fuésemos nosotros los que tomásemos las decisiones finales.

—Es su puerta, no la mía; son ustedes los que van a vivir con ella el resto de su vida.

Carrie y yo tardamos en decidirnos acerca de los acabados metálicos. El bronce, con su aspecto ligeramente envejecido, parecía el más apropiado para la cara externa; por otra parte, el latón brillante daba la impresión de ser el adecuado para el interior. Se puede decir que casi imploramos a Brad que decidiese por nosotros. Esbozó una amable sonrisa y dijo:

—No, son ustedes los que han de decidir.

Al final, optamos por una puerta hecha a medida de caoba hondureña. Brad nos había enseñado que la caoba es resistente a los climas húmedos, y nosotros también creíamos que iría bien con los adornos de secoya que teníamos en la entrada. Nos decidimos por una cerradura escopleada marca Balwin con un pestillo de seguridad que fuese fácil de liberar en caso de tener que salir precipitadamente. Y optamos por dos tipos de adornos de metal: latón para el interior y bronce para la parte exterior.

Brad regresó para instalarnos la puerta algunos días después. Una vez estuvo en su sitio y colocados los adornos metálicos y la cerradura, resultó que Carrie y yo debíamos tomar una última decisión.

—Muy bien —asintió Brad—. ¿Quieren una mirilla de bronce o de latón?

Mientras preguntaba sostenía un pequeño y brillante tubo en su mano. Yo pensaba que en realidad lo quería de bronce por fuera y de latón por dentro, pero antes de que pudiera decirlo, Brad se metió la mano en el bolsillo, sacó una mirilla de bronce, combinó ambas, y me ofreció algo más de lo que yo habría esperado.

Carrie y yo nos pasamos la noche cambiándonos de sitio en el sofá para tener la mejor vista de nuestra puerta nueva. Resultaba perfecta.

En la siguiente ocasión que Victor nos visitó, todavía tenía la mano sobre la puerta cuando la abrí.

—Tocarla es un auténtico placer —afirmó—. Hizo un buen trabajo, ¿a que sí?

Victor abrió y cerró la puerta con suavidad y sus dedos recorrieron los adornos y el borde de la puerta mientras yo le contaba todo sobre Brad.

—Sabes, cuando se marchaba se le cayó el cuchillo de desbastar y dijo algo que nunca se me olvidará: «Algunos días se te caen las herramientas», dijo poniéndose casi colorado. «Otros días puedes coger un lápiz cuando se te resbala de la oreja... Entonces es cuando sabes que estás en forma.»

—No creo que Brad supiese que es un consultor nato en estos temas, con una implicación total con el cliente —le dije a Victor—. Estoy seguro de que nunca ha oído nada acerca de «los cinco pasos del ciclo de la venta» ni de «cuantificar soluciones». Pero eso era justo lo que hacía, de manera intuitiva, vendía estupendamente.

Después de sentarnos en la sala de estar, Victor se percató de que tanto Carrie como yo mirábamos de vez en cuando en la dirección de nuestra nueva puerta.

—Mira —dijo—, Brad hizo cuatro cosas esenciales para dominar el arte de la venta.

»La primera es que te ayudó —dijo a Carrie— cuando otros te habían ignorado, dejando que su intuición le guiase. Segunda: sabía que no tenía nada que vender hasta que descubriese lo que queríais de verdad. Tercera: fue capaz de compartir con vosotros el entusiasmo por su profesión. De hecho, probablemente no hubiera podido hacer otra cosa que la que hizo. La gente a la que le gusta lo que hace suele infundir ese amor en otros. Y, cuarta cosa, sabía de lo que hablaba. Lo que visteis y escuchasteis era el resultado de años de investigación y práctica condensados en unas pocas horas.

—Y lo más importante —apunté—. Creo que se implicó en cada paso del proceso. No nos vendió una puerta, únicamente. Nos enseñó cómo *comprar* una puerta.

—Exactamente —respondió Victor—. Se trata del típico caso de «con» en lugar de «a».

Cuando Victor se marchaba, Carrie y yo le acompañamos hasta la puerta. Tomó el tirador ahuevado y dijo, en tono de elogio:

—Es estupendo, me gusta cómo se ajusta a la mano.

Cuando cerrábamos la puerta oímos que Victor comentaba para sí mismo:

—Claro está: latón dentro y bronce fuera.

Cuando miramos a través de la mirilla, le vimos decirnos adiós guiñándonos un ojo.

# ❧ Capítulo 14 ❧

## Tal como debe ser

*La música es tu propia experiencia, tus pensamientos,*
*tu sabiduría. Si no la vives, no te saldrá por la trompa.*

Charlie Parker

Cuando saludamos por primera vez a un cliente, estamos haciendo algo más que reconocer la presencia de esa persona. Estamos dando al cliente la bienvenida a nuestra vida.

Presentarnos a nosotros mismos y conocer el nombre del cliente es la mejor manera de hacer que éste se sienta cómodo.

Mediante el simple intercambio de nombres, construimos un puente que tanto nosotros como los clientes pueden cruzar a fin de encontrarnos en terreno común. Les damos una razón para que crean que somos alguien a quien vale la pena conocer, alguien a quien les resulta agradable conocer. Al mismo tiempo, les estamos pidiendo que compartan sus sentimientos privados acerca de las cosas que les gustan y que les disgustan.

Cuando un cliente se encuentra a gusto con

nosotros, nos confía los detalles de sus sueños. Entonces es cuando contamos con la oportunidad de sentar las bases para una prolongada relación profesional.

Es muy sencillo: al empezar con un saludo contamos con el tiempo suficiente para crear algo tan satisfactorio que no acabe nunca. Ése debe ser nuestro talento, y es asunto nuestro que así suceda.


Según algunos de los músicos más importantes del mundo y también de algunos críticos, Village Music, en Mill Valley, California, es la mejor tienda de discos del mundo. Además de esas cosas redondas que dan vuelta y que hacen que la vida de muchas personas sea más completa, también disponen de toda una colección de vídeos, cancioneros, cómics, pósters y números atrasados y actuales de revistas musicales. Ésas son algunas de las cosas que pueden adquirirse, pero en realidad es justamente lo que *no* está a la venta lo que te hace sentir de una manera especial en relación con el sitio.

La clientela es ecléctica, con habituales como B. B. King, Carl Perkins, Carlos Santana, Naomi Judd, Elvis Costello, Nick Lowe, Mel Torme, John Lee Hooker y Ry Cooder, eso sin incluir luminarias que se dejan caer de vez en cuando, como Mick Jagger.

Hoy, al entrar en la tienda, John Goddard, el dueño, me saluda. Tiene un álbum en una mano y con la otra intenta hacerse con un teléfono de Mickey Mouse mientras intenta saltar por encima de un par de cajas de cartón repletas de discos. Como siempre, lleva una camiseta de manga corta, con el logotipo de la tienda, en el que se ve el alegre rostro de Cab Balloway y su saludo inmortal: «*Hi De Ho*».

—Hola, Stan —me dice John cuando ha acabado con el teléfono—. ¿Dónde te habías metido?

—Viajando.

—¿Algún sitio interesante?

—Los Ángeles.

—Qué suerte —me dice con una sonrisa chauvinista—. Cómprate el nuevo álbum de Jimmy Scott.

—¿Es bueno?

—Estupendo.

Gary, el de la caja registradora, dice:

—Hola, Stan. ¿Ya has escuchado el nuevo disco de Danny Gatton?

—La verdad es que no. Puede que esta noche.

En la sección de temas nostálgicos, Eugene está ordenando discos. Sonríe y dice:

—Qué fiesta más genial la otra noche, ¿eh?

Sonrío y asiento.

—Fue una maravilla.

Se refiere a la fiesta de celebración del vigésimo tercer aniversario de la tienda que John organizó para amigos músicos y para la legión de leales compradores que extraoficialmente son denominados «amigos de la tienda». Se celebró en el club local, el Sweetwater, y se trató de una velada muy especial. Sólo una vez en la vida se puede disfrutar del placer de escuchar a John Lee Hooker, Albert Collins, Robert Ward, Carlos Santana y Ry Cooder tocando en el mismo escenario a la vez.

Me doy una vuelta por el otro lado de la tienda. El interior de Village Music es un gigantesco collage, que ocupa todas las paredes, de recuerdos musicales que hace que la mayoría de los «conceptos del comercio» den la impresión de haber sido olvidados. Todas las paredes y cada centímetro cuadrado del techo se encuentran recubiertos de discos autografiados, portadas, discos de oro, fotografías en blanco y negro firmadas, cubiertas de revistas antiguas, y recortables a tamaño natural de famosas figuras del mundo del espectáculo y de la música.

Se puede ser cliente desde hace veinticinco años, como yo, y todavía poder admirar nuevas adquisiciones. Estaba justamente pensando en ello cuando alcé la vista de uno de los cajones y me encontré mirando una fotografía policial de Janis Joplin tomada por la policía de Berkeley, yuxtapuesta con fotografías suyas donde aparece con un vestido de lentejuelas y una nota escrita a mano.

Al doblar la esquina está el cartel de un anuncio de James Brown en el Apollo, junto a otro de Hank Williams con la advertencia: «Si el Señor lo permite y el arroyo no se desborda, nos veremos en el Canton Memorial Auditorium el día de Año

Nuevo de 1953». Y a mi izquierda, después de tres
o cuatro mil discos, hay un Philco Predicta, el te-
levisor con su pantalla giratoria sobre un único so-
porte que no resultó un éxito precisamente. La si-
lenciosa pantalla verde, una inmaculada reliquia
de los años cincuenta, me observa según busco...,
esto..., con una sonrisa me digo que no me resulta extraño venir a esta tienda y olvidarme de lo
que había venido a buscar.

Se me ocurre pensar que ésta es la primera
ocasión en que he sonreído hoy desde que estoy
de compras. Estamos a primera hora de la tarde y
ya se me ha sacudido de encima un vendedor de la
sección audio/vídeo que me dijo que me encontraba en la sección equivocada, también me ha vo-
ceado un empleado postal, y me han dejado col-
gado en una tienda de ruedas de coche, a la que
acudí porque alguien me dio su nombre y me aseguró que estaría esperándome.

Regreso de nuevo a la caja registradora, donde
John, Gary y Eugene siguen hablando de la fiesta.

—McCracklin se pasó de rosca tocando —dijo Gary—. Estuvo estupendo, sí, pero...

—¿Sabéis por qué McCracklin tocó durante
una hora y media? —pregunta John.

Todos negamos con la cabeza.

—Estaba esperando a Ry, que se retrasó una
hora. Así que siguió tocando y esperando a ese
chico blanco que quería tocar con él. Mientras
tanto, John Lee, que venía a continuación, estaba

a punto de irse a casa, y yo tuve que convencerle de que entraría en un par de minutos, y eso que todavía no había llegado Ry.

Aunque John sacude la cabeza con exasperación, está claro que disfruta hablando de la parte de productor que hay en su vida. De repente miró detrás nuestro, hacia la puerta de entrada. Se trata de una puerta de tipo holandés cuya mitad superior permanece siempre abierta. Una mujer acababa de abrir la mitad inferior y se acercaba al mostrador, con aspecto de estar un tanto perdida. En una mano llevaba un bolso de piel y una niña de la otra.

Los ojos de John se iluminaron.

—Hola —dice, con una sonrisa que de inmediato da permiso al cliente para relajarse—. ¿Qué puedo hace por usted?

Gary y Eugene encuentran algo que hacer y yo me dirijo al rincón de las revistas.

—Me preguntaba si tendrían una copia del disco de la película *Mary Poppins*. Yo tengo uno pero está rallado y la verdad es que no se puede utilizar.

John mueve la cabeza y dice:

—Me gustaría poder ayudarla, pero no he visto una copia buena de *Mary Poppins* desde hace un montón de tiempo. ¿Es para algo especial?

—Mi hija va a clases de danza —dice ella, mirando a la niña, cuyos ojos están al mismo nivel que el mostrador y que pasan revista a todos los detalles—. A final de curso todas las clases de danza del estudio montan un espectáculo en el Centro Cívico, y por eso necesitamos el disco para grabarlo, porque el estudio de danza utiliza una grabadora para la actuación. Nos dijeron que si alguien lo tenía, serían ustedes.

—Vaya, suena muy interesante —dijo John, mirando a la hija, que se aparta el flequillo de los ojos e inconscientemente da un paso de baile—. Eh, eso ha estado muy bien —comenta John, que se detiene a pensar en una opción—. Me gustaría poder ayudarla. Lo único que se me ocurre es que tal vez..., espere un momento. ¡Stan!

Yo estaba mirando revistas y escuchando la conversación, pero me sobresalté al escuchar mi nombre.

—¿Sí?

—Tú tienes dos hijas, ¿no?

—Sí.

—¿Escuchan *Mary Poppins*?

¿Por qué no había pensado en eso?

—Sí, de vez en cuando. ¿Están buscando una copia buena de *Mary Poppins*? —pregunto a la mujer, pretendiendo que no he estado escuchando.

—Para grabarla —responde, con los ojos llenos de expectación.

La hija también tiene los ojos clavados en mí.

Apunto el nombre de la mujer y su número de teléfono. Mientras quedo con ella para encontrarnos en el estudio con mi copia de *Mary Poppins*, John dice, con una sonrisa:

—Sabía que Stan podría ayudarla.

La mujer me lo agradece y, junto con su hija, sale de la tienda sonriendo. John se ríe para sí mismo, disfrutando de la situación. Después, mirando detrás de mí, me dice:

—Creo que alguien trata de llamar tu atención.

Me doy la vuelta y veo a la niña echando un vistazo por encima del borde de la puerta.

—¿Stan?

—¿Sí?

—Gracias —me dice entre risas, para luego darse la vuelta de un salto y salir corriendo para alcanzar a su madre.

—Ves, Stan, uno se siente bien al poder hacer algo por alguien de vez en cuando.

—Eres un diablo de productor —le replico.

—Gracias, Stan —me dice, devolviéndome el sarcasmo.

A continuación pone una copia del álbum de Jimmy Scott sobre el mostrador sin preguntarme si lo quiero. Le pago y me voy, sintiendo que formo parte de algo que nunca envejece y que nunca deja de incluirme personalmente.


Mi amigo Bryan —un vendedor extraordinario y un vinatero muy premiado— también es coleccionista de música. De hecho, cuando viene a la ciudad, a veces no estoy seguro de si viene a vernos a mí y a Carrie o al Village Music y a John.

Durante su última visita estuvimos hablando de música y, como de costumbre, apareció el nombre de John Goddard. Mientras escuchábamos *Miles Davis & John Coltrane in Stockholm* —que se sentía feliz de haber encontrado—, dijo:

—Mira, resulta difícil pensar en John sin hacerlo también en el Village Music, o en el Village Music sin pensar en John. Es una asociación artística..., algo como tratar de pensar acerca de Trane o Davis sin escuchar la música. Eso es el Village Music.

—¿Y eso qué es?

—Es una composición de John, como una pintura que hubiese pintado él mismo y que permitiese que cualquiera pasase a formar parte de ella. Y como es un genio en eso, pues todo el mundo que entra en la tienda quiere formar parte de ella.

—Y a continuación quiere volver —añadí.

—Claro que sí. Lo que ha creado allí, etiquétalo con cualquiera de esos pomposos nombres de mercadotecnia, es una amalgama de gente, producto y sentimientos que no cuenta con fórmula alguna. Cuando te vas te llevas un trozo de la tienda, y nada más salir ya estás pensando en volver a por más.

—Tal como debe ser.

# Capítulo 15

# La lección de la casa vacía

*Es mejor hacer algunas de las preguntas que saber todas las respuestas.*

James Thurbe

La mayoría sabemos lo que está bien y mal sin tener que consultar manuales de leyes o ir preguntando por ahí. Sabemos cómo nos sentimos cuando hacemos algo que está bien porque sabemos cómo nos sentimos cuando hacemos algo clandestino a espaldas de alguien. Sabemos cuándo hemos dicho la verdad porque sabemos cuándo no. Podemos dar respuesta a las grandes cuestiones sin entrar en un tribunal o en una sala de juntas porque la mayor parte del tiempo sabemos lo que hacemos. No es cuestión de ética; se trata simplemente de ser honesto con nosotros mismos y con otras personas.

Es precisamente esa honradez innata la que conforma la base sobre la que se asienta cualquier relación, sea personal o profesional.

Hace más de treinta años que se construyó la última casa nueva en el vecindario de Victor. Todas las casas ocupan media hectárea o más de terreno forestal, situado en una cresta costera que permite que cada residente goce de una privacidad poco común, así como de una extraordinaria vista.

Así que no fue de extrañar que los vecinos se empezasen a preocupar cuando uno de los residentes más antiguos decidió vender un pedazo de su terreno. Todavía se preocuparon más cuando se enteraron de que la parcela había sido adquirida por un contratista que planeaba construir una casa espectacular.

Los rumores empezaron a correr por la pequeña vecindad. Algunas personas decían que habían oído que la nueva casa iba a ser gigantesca, demasiado grande para el lugar. Otros afirmaban haber escuchado que el contratista contaba con un turbio historial financiero. Uno de los vecinos empezó a preocuparse porque tal vez la casa nueva diese directamente sobre la vista que tenía desde su dormitorio. Las familias con niños pequeños se alarmaron a causa de los camiones y vehículos de la construcción que empezarían a pasar por donde jugaban sus hijos. Y a todo el mundo le preocupó el incremento del tráfico, la incomodidad y el ruido. Sobre todo el ruido.

Circularon peticiones de firmas en las que se protestaba por la venta de la propiedad. Uno de los vecinos, particularmente insistente en sus objeciones, se ofreció voluntario para llevar la petición al propietario del terreno y tratar de convencerlo para que no vendiese. Entonces se enteraron de cuán mala era la situación en realidad: el vecino tenía pensado vender su propia casa y marcharse fuera del país. Las preocupaciones del vecindario ya no tenían que ver con él, dijo. Así que lo sentía mucho pero adiós.

Más irritados y frustrados que nunca, un grupo de vecinos pidió una audiencia especial en el ayuntamiento para tratar de la calificación urbanística, pero ni siquiera un consistorio sensible a las cuestiones ecológicas podía evitar que el propietario vendiese su terreno.

La construcción —o mejor dicho, la destrucción— empezó rápidamente. Enormes secoyas, algunos de más de un metro de diámetro fueron cortados y echados abajo. Durante un tiempo la propiedad dio la impresión de convertirse en un desvencijado campamento maderero. Victor decía que cuando vio por primera vez cómo eran troceados los árboles caídos para ser convertidos en motivos decorativos para jardines, sintió náuseas. Era como presenciar una violación, a plena luz del día, y no poder hacer nada para detenerla.

Con la ayuda de enormes grúas y equipo pesado, y horadando profundamente aquel rico suelo, se erigieron postes y pilares casi tal altos como los árboles cortados. Se colocaron vigas voladizas y se erigió toda una infraestructura. Los vecinos fruncían el ceño al pasar por la obra; el contratista y sus trabajadores sonreían a modo de respuesta.

Entonces, un mes después de que se hubiesen iniciado los trabajos, cesó toda actividad. Se decía que el constructor se había arruinado y desaparecido, dejando que el banco cargase con el muerto.

Se llevaron los aseos portátiles de la obra y el municipio finalmente retiró una enorme pila de pedazos de madera y otros escombros. Cuando pasaban frente al esqueleto de la estructura, la mayoría de la gente ni siquiera le dedicaba un vistazo.

Seis meses después, el banco vendió la casa parcialmente construida a otro promotor. Cuando estuvo acabada resultaba, efectivamente, gigantesca: una estructura de cinco pisos que se colgaba de la empinada ladera con cuatro terrazas-balcón con mucha vista y barandas metálicas. Desde la calle sólo eran visibles el garaje y el camino de entrada. Victor la describía como un diseño contemporáneo y agresivo que parecía no encajar en los gustos de nadie excepto en los del arquitecto.

Agresiva o no, el caso es que la casa se vendió rápidamente. Casi nadie había visto o hablado nunca con el nuevo residente. La gente sólo veía el coche, un Porsche negro nuevo, aparcado en el camino de entrada. Era como si nadie viviese allí. Los vecinos exhalaron un suspiro de alivio; sus temores acerca de ruidosas fiestas y nuevas molestias no tenían ninguna realidad.

Cuatro meses después, todos los periódicos situaron en portada una historia sobre un consejero de inversiones que era buscado en conexión con una investigación federal sobre fraude. Había malversado millones de dólares que pertenecían a sus clientes, incluyendo los ahorros de toda una vida de muchos ancianos. Poseía automóviles caros, un establo de caballos de carreras y varias casas, incluyendo la nueva del vecindario de Victor.

La historia del periódico publicaba las direcciones del sospechoso. Finalmente, los vecinos supieron quién era su nuevo convecino, pero claro, ya se había ido. Los periódicos decían que se había esfumado sin dejar rastro.

Durante los dos días siguientes, un par de coches del FBI, sin distintivos, permanecieron aparcados en el camino de entrada, que también se marcharon poco después. La casa se haya vacante de nuevo, convirtiéndose más en una controversia que en un hogar.

Cuando Victor me contó la historia de la casa, esperé que hiciese su comentario habitual, ese pedacito de la sabiduría de Victor que lo pondría todo en perspectiva. Pero Victor permanecía sin decir nada. Al cabo de unos minutos le pregunté, indeciso, qué significaba todo eso.

—Vamos a dar un paseo —me contestó.

—¿Vamos lejos? —le pregunté, cogiendo la chaqueta.

—No muy lejos, sólo calle arriba —me contestó, poniéndose su sombrero de fieltro y ajustándose el ala en el ángulo perfecto—. Te enseñaré la casa.

Al empezar a andar, me preguntó:

—¿Qué es lo que hizo el vecino que era el propietario original?

—Vendió el terreno sin hablar con el resto de vecinos.

—¿Y qué pasa con el contratista que compró la propiedad en primer lugar?

—Como se suele decir, era un bocado demasiado grande para él.

—¿Y los vecinos, qué han estado haciendo todo el tiempo?

—Firmar peticiones y exasperarse.

Nos detuvimos cuando una cierva y sus cervatillos cruzaron la calle.

—¿Y qué me dices del banco? —continuó Victor—. ¿Qué hizo el banco?

—¿Por los vecinos?

—Por cualquiera.

—La verdad es que no hizo nada. Se quitaron la casa de encima colocándosela a otro promotor.

—¿Y qué hizo éste?

—Acabó la casa.

Victor dio una suave patada a una piña, enviándola a un lado de la calle.

—¿Qué les pareció eso a los vecinos?

—Estuvieron encantados de que la acabasen.

—¿Por qué?

—Porque estaba a medias —dije, un poco brusco.

Me daba la impresión de que no hacíamos más que darle vueltas al asunto y la irritación se reflejó en mi voz.

—¿Por qué? —volvió a preguntar.

—Victor, ¿por qué me vuelves a hacer preguntas que ya he respondido?

—Porque no quiero respuestas obvias. La verdad es que no quiero ninguna respuesta. No pienses en la *respuesta*; piensa en la *pregunta*.

Bajo la profunda y densa sombra de los secoyas, la brisa resultaba fría. Caminé con la cabeza baja y los brazos cruzados. Cuando dimos la curva, Victor se detuvo y señaló hacia la casa, que se encontraba a unos cien metros por delante. Dos ventanas vacuas nos devolvieron la mirada. La casa parecía vacía y provisional, como una sombra bien construida.

—¿Por qué se quedó a medio construir? —preguntó Victor.

—Porque nadie la compró.

—Stan —preguntó Victor con una voz que era un susurro—, ¿por qué nadie compra una casa que está a medias?

Y de repente caí en la cuenta de lo que Victor trataba que comprendiese. Respondí en el mismo tono suave, hablando muy lenta y cuidadosamente, como para no perturbar la clara visión.

—Claro. La casa entera, la idea completa de lo que es una casa, nunca ha sido vendida.

—Eso es —dijo Victor con una sonrisa.

No estaba seguro de si se refería a la casa o a mi respuesta; en cualquier caso, dimos la espalda a la casa vacía y tomamos el camino de vuelta.

Ninguno de los dos habló mientras recorrimos el camino en dirección a la casa de Victor. Para mí estaba bien así: sabía que una cosa era hablar y otra cosa era entender.

Mi mente estaba llena de pensamientos acerca de la casa vacía, tan nueva, tan perturbada, tan llena de preguntas. Esa casa trataba de algo que nunca había sucedido, de algo llamado venta. No había existido presentación alguna, ni entusiasmo, ni orgullo profesional, ni comprensión mutua, ni comunicación. No existió la sensación de que se diese una relación real en algún punto de toda su historia. La casa se levantaba allí como una lección de lo que ocurre cuando el objetivo son los beneficios a cualquier precio, cuando una transacción de venta no es más que firmar unos papeles, y cuando la frase «ojos que no ven, corazón que no siente» parece tener sentido.

Nos despedimos al cabo de una hora de buen coñac y buena conversación. De camino hacia casa, di la vuelta a la manzana en el coche para echarle un último vistazo a la casa vacía. Seguía pareciendo vacía, pero ya no resultaba ominosa. Más que cualquier otra cosa, daba la impresión de tristeza. Sintiéndome agradecido, sonreí a modo de despedida. A causa de todo lo que no fue, la casa me había mostrado lo que es vender.

# ❧ Capítulo 16 ❧

# Comunicamos más
# de lo que creemos

*La mayor parte del tiempo no nos comunicamos, sólo
nos turnamos para hablar.*

Victor

Si le preguntase qué es lo que ha comunicado
hoy, probablemente me describiría las cosas que
ha dicho o escrito, pues las palabras son los componentes más obvios de la comunicación.

Podría decirme lo que le contestó un cliente
cuando le pidió que comprase su producto. Podría
menear la cabeza y cerrar los ojos al explicarme el
escepticismo que mostró y luego asentir, sonreír y
hacer un gesto expansivo al describirme cómo respondió a las objeciones planteadas por el cliente.

Los gestos y expresiones utilizados me anima-
rían a escuchar y me ayudarían a comprender lo
que me cuenta. Yo también sacudiría la cabeza al
mismo tiempo que usted y sonreiría a la par. Al
describir verbalmente la situación, nos estaríamos
comunicando de manera no verbal.

El cómo decimos las cosas y la manera que tenemos de mirar puede que sean componentes menos obvios de la comunicación, pero gracias a esas expresiones pueden oírse nuestras palabras. Las palabras por sí mismas son sólo una pequeña parte de nuestro potencial comunicativo total. Algunos expertos han estimado que tan sólo el siete por ciento. El restante noventa y tres por ciento está conformado por cómo lo decimos y qué aspecto tenemos al decirlo.

Alguien me dijo hace tiempo: «No se puede dejar de comunicar; siempre estamos comunicando». Cuando somos nosotros verdaderamente, entonces comunicamos más de lo que creemos. Creamos esas maravillosas composiciones y luego nos colocamos en primer plano al susurrar, gritar, mascullar, mirar airadamente, sonreír, llorar, reír, mover las manos, correr, andar, levantarnos para explicar una historia o sentarnos para escucharla.

Son ocasiones en que nuestras palabras y expresiones resultan maravillosamente apropiadas. No estamos seguros de si escuchamos o hablamos, pero tampoco importa. Nos estamos expresando completamente y creando un vínculo con todos a nuestro alrededor. Cuando se puede mantener coherentemente ese nivel de comunicación, entonces se cuenta con la habilidad de hacer que la gente se sienta bien por sí misma, lo que significa que se sienten bien con respecto a nosotros.

Nuestros mensajes más significativos tienen poco que ver con palabras y casi todo con sensaciones. El contenido de cualquier mensaje tiene su importancia, desde luego, pero será de escasa repercusión a menos que sea entregado por la *persona adecuada*, en la *forma correcta*, en el *momento apropiado*. Algunas personas llaman a eso comunicación; otros lo denominan venta.

Junto con otra media docena de cansados viajeros, observé la cinta transportadora del equipaje sin realmente esperar ver aparecer nada nuevo: las mismas seis maletas y dos cajas de cartón habían pasado al menos una docena de veces. Cuando la cinta transportadora dejó de moverse, comprendimos que no iba a aparecer nada más.

Nos miramos unos a otros en busca de apoyo moral, sin hallarlo. La gente enarcó las cejas, cerró los ojos y sacudió la cabeza. Alguien cerca de mí masculló un par de obscenidades, y la persona que tenía al otro lado replicó:

—Tiene usted razón.

Me di la vuelta, dirigiéndome hacia el servicio de reclamación de equipajes, situado en el rincón más alejado de la terminal. Había cola..., claro. Me había pasado el día haciendo colas, en autopistas y aceras, en taquillas y chiringuitos de comida. Viajar fue una monótona lección sobre el hecho de esperar.

Del principio de la cola llegaban voces cada vez más fuertes. Un frustrado pasajero dio un golpe con la mano sobre el mostrador y salió de estampida por la puerta.

La cola avanzó un lugar y oí que una niña que había delante mío preguntaba:

—¿Por qué iba ese señor tan enfadado, mamá? ¿Tú también estás enfadada?

No escuché la respuesta.

La mujer que se encontraba tras el mostrador alzó la voz y preguntó:

—¿Hay alguien que pueda leer español? Tenemos un pasajero que tiene que rellenar el impreso pero no lee inglés. ¿Alguno de ustedes habla español?

Detrás de mí un hombre contestó suavemente:

—Sí —sonrió y dijo—: Por favor, señor —y pasó por delante de mí para dirigirse al mostrador.

De nuevo volví a escuchar la voz de la niña.

—¿Quién es ese hombre, mamá?

La madre contestó:

—Chist.

Los dos hombres que hablaban español estaban juntos en el mostrador, hablando tranquilamente acerca del impreso que tenían que rellenar.

Teníamos que rellenar unos impresos sobre la pérdida del equipaje, lo cual no tenía ningún sentido para mí, así que decidí que yo no tenía que rellenar nada en relación con una propiedad mía que ellos habían perdido.

—Muy bien, señor, ¿podría colocarse a este lado del mostrador, por favor? —me indicó la mujer.

Apareció otra de las encargadas del equipaje y dividieron la cola. La nueva empleada me dijo:

—Bueno, verá, tenemos un retraso.

—¿Qué quiere decir con «retraso»? —pregunté.

—Parece que el equipaje de varios pasajeros se quedó en tierra en el punto de partida —replicó, mordiéndose el labio nerviosamente, con los ojos puestos en el monitor de la pantalla y repicando los dedos contra el borde del teclado.

Sin ni siquiera mirarme, cogió un impreso y me indicó:

—Muy bien, si rellena este impreso, haremos lo que podamos.

Al no recoger el impreso, ella levantó la vista y me preguntó impaciente:

—¿Quiere preguntar algo?

—No. Sólo que no veo por qué tengo que rellenar esto —dije, en uno de mis peores momentos.

La mujer devolvió el impreso al interior del mostrador y me dijo en tono agresivo.

—Caballero, su equipaje se ha extraviado. Y estamos haciendo todo lo posible para que llegue aquí. Tiene dos opciones: esperarlo aquí o bien se lo podemos expedir a su destino final antes de las ocho de la mañana, pero a fin de poder hacerlo, usted debe rellenar este impreso con toda la información para que sepamos qué equipaje es el suyo y cómo le gustaría que se lo entregásemos.

Tenía en la punta de la lengua una brillante ré-
plica, pero justo entonces volví a escuchar la voz
de la niña. En mi prisa por alcanzar el mostrador,
no me había fijado en la gente que me rodeaba.
Me di la vuelta y vi a una apurada joven madre
que sostenía a una niña en pijama blanco. Estirán-
dose hacia adelante desde los brazos de su madre,
preguntó a la encargada de reclamación de equipajes:

—¿Podrás devolverme a mi osito?

La niñita miraba directamente a los ojos de la
encargada, con sus ojos azules serios y preocupa-
dos. No sonreía y tampoco tenía la mirada airada.
Miraba simplemente a otro ser humano con todo
lo que era. Se había apoderado del instante y entonces supe que nadie iba a decir nada hasta que la
encargada respondiese aquella pregunta.

La mujer descansó los dedos en el teclado y
miró a la niña durante unos instantes. Después
sonrió y dijo, con auténtica convicción:

—Te traeré el osito de vuelta, cariño.

Cuando sonrió a la niña, la encargada se transformó en una persona haciendo algo por otra persona en lugar de ser una encargada estresada realizando un trabajo. Se volvió hacia mí y, volviendo
a poner un impreso sobre el mostrador, dijo:

—Bueno, déjeme que le rellene esto; probablemente iremos más rápidos así.

Según le iba comunicando toda la información necesaria, me di cuenta de que la pequeña

oficina sobrecargada de gente se convertía inmediatamente en un lugar más amplio, y todo el mundo pareció relajarse. Una niñita y una significativa manera de comunicarse habían traspasado nuestro malestar general. Antes de marcharme, sonreí a la niña y le dije:

—Gracias.

Victor llamó al día siguiente para preguntarme por el viaje. Le expliqué lo referente a un proyecto que había finalizado, le aconsejé con qué compañía no volar y luego le conté lo de la niña cuya expresividad y sentido había conseguido capturar las emociones de varios adultos durante unos instantes.

—Ésa es una buena historia —dijo Victor—. Me la tienes que volver a contar la próxima vez que nos veamos.

—¿Para qué?

—Pues porque ahora estamos hablando por teléfono. Recuerda lo que Durrell dice acerca de los teléfonos.

Tenía razón. Podía ver el auricular en mi mano, pero no podía ver a Victor. El teléfono es un aparato «mejor que nada» para comunicarse de una forma que es preferible a no poder hacerlo. Recuerdo la cita de Lawrence Durrell a la que Victor se refería: «El teléfono es el símbolo de las comunicaciones que nunca sucedieron».

Entonces recordé la comunicación que recientemente había tenido lugar en la oficina de reclamación de equipajes. No era lo que la niña había dicho, sino cómo lo había dicho..., *como si fuese la única cosa que valía la pena decir en ese momento.* Fue una lección que siempre recordaré.

# Capítulo 17

# Prestar atención
# a uno mismo

*Seguid amando lo que es bueno, simple y ordinario, a los
animales, las cosas y las flores, y mantened el equilibrio.*

Rainer Maria Rilke

Cuando era un adolescente que se rebelaba contra
todo lo que oliese a autoridad u obligaciones, pasé
un montón de tiempo con mi mejor amigo, Dan.
Creo que perdí la chaveta por su madre, Eleanor, y
por eso estaba siempre pendiente de lo que ella hacía. Una tarde, cuando Dan y yo nos marchábamos
para asistir a un concierto de jazz en Los Ángeles,
nos abrazó a ambos y dijo: «Cuidaros». Estoy seguro de que no pensaba en nada en especial, pero esa
amable forma de despedirnos me hizo pensar.

Sí, pensé, está bien decir eso. Había algo mun-
dano y sofisticado en esa palabra, no era nada que
hubiera podido decir un chico, lo cual hizo que
empezase a usarla de inmediato.

Esa sencilla despedida decía infinitas cosas acerca de simetría y equilibrio. Sabía que si debía cui-

darme, eso no significaba cuidar tan sólo de mí mismo, sino también de la persona con la que iba. Además, implicaba ocuparme de las cosas por las que pasaba, escoger mis pasos cuidadosamente y andar con más suavidad. Más que estar al tanto de por dónde iba, me advertía también sobre estar al tanto de por dónde iban otras personas.

Desde entonces he utilizado esa forma de despedida en incontables ocasiones, y me doy cuenta de que cuando hablo con un vendedor o vendedora jóvenes, que empiezan, lo digo con especial resonancia. Al mirar esos rostros luminosos, llenos de interés y energía, entusiasmados acerca de lo siguiente por hacer, recuerdo cómo se siente uno en esa situación, y a una parte de mí le gustaría añadir: «Espera. Tómatelo con calma». Me doy cuenta de que deseo decir algo sobre el equilibrio.

Como vendedores, nuestra tarea es inspirar a la gente para que haga cosas sobre las que únicamente había pensado. Trabajamos duro para convertir fantasías en realidades. A menudo tenemos que asegurar a las personas que quedarán satisfechas porque vamos a hacerlo de la mejor manera posible. Es asunto y responsabilidad nuestra el hacer que la gente se sienta contenta y satisfecha. Puede que iniciemos largas relaciones con los clientes e influenciemos sus estilos de vida, como profesores que se ofreciesen para guiar a sus alumnos.

Cuanto mejores somos en nuestro trabajo, mayor responsabilidad tenemos y más profundo es nuestro impacto sobre la vida de los clientes. Sin embargo, si las cosas no funcionan como se esperaba o en el caso de circunstancias inevitables, entonces, la diversión y satisfacción pueden convertirse en confusión y desilusión, tanto para nosotros como para los clientes. Esa posibilidad está latente en cada venta.

La dinámica de la venta, lo bueno y lo malo a la vez, pueden tener mucho peso sobre nosotros. Si no nos cuidamos y mantenemos un cierto sentido del equilibrio personal, podemos vernos superados por el estrés que todo ello conlleva. Debemos hallar un espacio para las cosas que nos resultan importantes a título personal, un espacio que debe encontrarse más allá del negocio de la venta.

Todo profesional de las ventas llega finalmente a comprender que existen otras formas de hallar una cierta paz mental que no se reducen a realizar una venta. Tanto si se trata de dar un paseo como de correr por el parque, escuchar música, leer un libro, estar solos o compartir el tiempo con alguien a quien amamos, debe convertirse en una actividad regular. A menudo no resulta tan fácil, porque las cosas que mejor nos sientan suelen ser las más esquivas.

No olvide tener tiempo para su vida y siéntase tan responsable de su bienestar personal como del de sus clientes; recuerde que si pierde el equilibrio le resultará difícil poder guiar a otra persona.

Hace un par de años, una amiga íntima de Carrie estaba pasando una mala temporada. Carrie tiene tendencia a saltarse a veces la línea que separa empatía de simpatía y se involucra más de lo que en un principio había planeado. Cargó las preocupaciones de su amiga sobre sus propias espaldas y el resultado fue que se sintió muy deprimida.

Una noche en que Victor nos visitaba, éste se dio cuenta de su malestar y le preguntó cuál era la causa. Carrie le explicó por encima lo que sucedía, añadiendo que tal vez necesitase pensar más acerca del equilibrio personal, «sea lo que fuere lo que eso significa», agregó.

—Con tu permiso, Carrie, me gustaría contarte una historia acerca del equilibrio personal. ¿Os he contado algo sobre John, mi hijo mayor?

Claro que no, porque Victor rara vez habla de su familia. Hay cosas de las que apenas habla porque las considera preciosas, así que nos sentimos halagados e intrigados a la vez.

John era un chaval del que se suponía que iba a doctorarse en medicina. Pero tras asistir a cinco o seis universidades, normalmente a tiempo parcial, acabó los estudios con una licenciatura en habilidades lingüísticas, que bien poco iban a tener que ver con la manera en que viviría.

John, que ahora contaba cuarenta y ocho años, empezó a viajar a los dieciséis, cuando la mayoría de los jóvenes acaban de sacarse el carnet de moto, y había llegado a lugares extraños, exóticos y en ocasiones peligrosos. Se autodenominaba periodista porque escribía diarios sobre sus viajes, aparentemente carentes de sentido. Fueron los diarios, más que los viajes, los que se convirtieron en su profesión y en su mayor placer.

Sus viajes solían inspirarse en personas a las que conocía y amaba.

Una amiga que sin contar con las autoridades se abrió camino a través de las selvas tropicales del sur de México, le escribió acerca de una antigua ruina maya que había descubierto enterrada baja la jungla. Había llevado a cabo algunos trabajos de excavación y descubierto glifos que no se veían desde hacía siglos. «Ven enseguida», le escribió, y John hizo inmediatamente las maletas y voló a Chiapas, como si los edificios que habían soportado más de tres mil años de erosión a manos de los elementos fuesen a desintegrarse a menos que llegase allí a la semana siguiente.

Un buen amigo escribió a John desde Argel. Vivía en un albergue que otrora había hospedado a gente como Paul y Jane Bowles, William Burroughs, Jean-Paul Sartre, Simone de Beauvoir y otros. El propietario había sido amigo de todos ellos y contaba unas historias asombrosas. «Ven enseguida», escribió el amigo, y John se subió a un avión con destino a Argel con la misma naturalidad con que alguien tomaría el autobús urbano.

Otra amiga suya le llamó desde Woolongong, en Australia. Había encontrado la casa en la que había vivido D. H. Lawrence mientras escribió *Canguro*. La plaquita metálica de la fachada de la casa se hallaba oculta por un arbusto de kiwis con frutos que podías comerte, con piel y todo. La chica estaba entusiasmada y segura de que a él también le encantaría. Al día siguiente John estaba en el otro extremo del mundo. Victor todavía conservaba en la biblioteca una piedrecita rojiza que John le había traído del jardín de D. H. Lawrence.

La mayoría de las personas cuentan con un hogar como base y viajan en vacaciones, pero John parecía que viajando era como se sentía más en casa y que consideraba sus estancias en casa como unas vacaciones. Viajaba como si el mundo fuese su patio trasero y los siete mares sólo unos cuantos charcos junto al camino.

Victor también viajaba mucho, claro, y en ocasiones su trayectoria se cruzaba con la de John. Victor podía llegar a un hotel en París y encontrar una postal de su hijo con un nuevo remite. A lo largo de los años habían cruzado una correspondencia regular y fascinante. Una de las cosas más cautivadoras al respecto era el hecho de que las cartas y postales siempre se las arreglaban para encontrar a sus respectivos destinatarios.

Un año, nos contó Victor, tomó una limusina desde el aeropuerto de Ciudad de México hasta el hotel Del Prado, donde le habían reservado una suite especial. Mientras el recepcionista le inscribía, el gerente salió de la oficina posterior y le saludó calurosamente. «No debo olvidar entregarle esto», dijo, tendiendo a Victor un gran sobre de papel manila enviado desde Tailandia.

Victor esperó hasta llegar a su habitación y ordenar sus cosas antes de abrir el sobre. En su interior encontró trece cartas cerradas, todas idénticas excepto una, sobre la que aparecía el sencillo mensaje: «Abrir inmediatamente». Victor abrió la carta inmediatamente, sin preocuparse en mirar las otras.

Esa carta era diferente de cualquier otra que John hubiera escrito nunca. Era directa e íntima, carente de toda reflexión filosófica, hablándole directamente a Victor, como si su hijo se encontrase en la misma habitación, con él.

Sin andarse mucho por las ramas, John decía que Clea, la chica con la que se había reunido en las selvas de México y de la que había estado enamorado durante la mayor parte de su vida, había sufrido un terrible accidente y las cosas no parecían ir bien. Victor miró inmediatamente el matasellos, pero estaba semiborrado y resultaba ilegible, y la carta, como de costumbre, no estaba fechada. John sólo ponía la fecha cuando escribía sus diarios.

John continuaba diciendo que sabía que se encontraba demasiado lejos como para llegar a tiempo hasta donde ella se hallaba, así que por ello se marchaba en sentido contrario. A las montañas, decía, a la «tierra de las nieves». No escapaba de nada; en lugar de ello, iba a encontrar algo. También le decía que no esperase recibir correspondencia inmediatamente. Había cosas que tenía que hacer, pero necesitaba un poco de ayuda y un montón de intuición.

Seguía explicando que las otras cartas no eran para que las leyese Victor, sino para que las enviase. Victor echó un vistazo al resto de las misivas. En todas aparecería el remite de Victor en Estados Unidos, y todas ellas iban dirigidas al mismo John, a la dirección de un hotel en Lhasa, Tíbet.

En su carta, John decía que lo único que valía la pena de todo lo que había hecho en sus viajes era seguirse la pista a través de sus diarios. Escribía sobre cosas que le hacían sentirse bien, mal o mejor; cosas que le permitían pensar con más claridad; cosas que le sacudieron de su autocomplacencia; cosas que provocaron que amase cuanto pudiera a sí mismo y a los demás. Decía que era algo parecido a «un equipo de herramientas mente-cuerpo». Se medio disculpaba por lo pretencioso que pudiera parecer, pero decía que el principal proyecto de toda su vida había sido él mismo. Aprender a vivir en paz consigo mismo y con los demás había sido su objetivo desde siempre, y todavía lo era.

En su carta, citaba algunos ejemplos de cosas que había catalogado. Cosas como «observar la puesta de sol y beber té; hacer dibujos en la arena para que las gaviotas reflexionasen; dar un paseo sin saber adónde iba; escribir acerca de algo sobre lo que no se quiere escribir; comer helados; recordar cómo son las vacaciones en casa; abrazar a la primera persona conocida que ves (asegurándote primero de que realmente la conoces); escribir una carta a la persona que ha ocupado tu mente hoy; pensar en la última persona con la que hablaste en el último lugar que visitaste (porque la gente es la verdadera integrante de la brújula); sentarse sin pensar hasta que sientas el cuerpo como un solo y gran músculo y luego relajarte, dejarte caer sin peso, para siempre».

John explicaba que había pasado las últimas cuarenta y ocho horas en un inesperado y claro estado mental. No había dormido; tal vez había echado una siesta, pero siempre había despertado con el lápiz en la mano y otro tema en mente para apuntar en su diario. Los temas los había ido escogiendo sin haberlos organizado conscientemente, para convertirse en un grupo de futuras cartas: doce en total.

Las instrucciones eran muy sencillas: siempre que Victor lo sintiese —lo «sintiese» como sólo una persona que quiere a otra puede sentirlo— tenía que enviar una carta *a* John, *de* John. Y si le apetecía escribir unas líneas, podía estar seguro de que también las apreciaría.

Victor podía tomarse su tiempo en enviar las cartas, decía John, porque iba a permanecer bastante en las proximidades de esa dirección. Quería caminar por los estrechos senderos de Samye Chimpu, por donde Gurú Rimpoché, «el Precioso Maestro», había caminado. Quería ver las banderas de oración ondeando al viento a más de cuatro mil metros de altura. Quería ir donde un peregrino debe finalmente ir, porque sólo era eso, un simple peregrino.

En la carta a Victor escribió: «Creo que entiendo a Clea, y eso está muy bien porque ella nunca quiso ser una causa de confusión para nadie durante toda su vida».

Victor nos explicó que ésa fue una de las ocasiones más íntimas y reveladoras que había pasado con su hijo. Allí sentado, en el borde de una cama en un hotel de Ciudad de México, llorando, escuchando la carcajada de su hijo en su mente al leer la última línea de su carta: «Así que hasta la próxima vez que tenga noticias tuyas, o mías; te quiero, papá. Tu hijo, John».

Victor nos miró a ambos sin decir nada durante unos instantes, y luego añadió:

—Esa carta me enseñó más sobre mi vida y la de mi hijo que cualquier carta que haya tenido nunca el privilegio de recibir. Y Carrie —se inclinó hacia adelante, tocándola suavemente en el hombro—, John está bien, y todo porque hizo de algo que ahora llaman «equilibrio personal» el centro de su vida. Tal como él decía, él era su propio proyecto, como debería suceder con todos nosotros. Carrie, tal vez tú también debas escribir una carta, o dos, y dárselas a alguien que te las envíe algún día. A veces uno puede decirse cosas que nadie más puede ni siquiera empezar a decírtelas, simplemente porque todos nos conocemos a nosotros mismos mucho mejor de lo que normalmente solemos admitir. John todavía vive en el Tíbet; le he ido a ver un par de veces. La última ocasión fue una visita larga y no albergo ilusiones de que quiera estar en ningún otro sitio. Ya no escribe diarios. Dice que se le ha acabado el papel, pero a mí me parece que debe haber otra explicación.

Recuerdo haber recogido una carta de mi escritorio, una de ésas que Carrie se había dirigido a sí misma, y pensar, ¿debo enviársela ahora o en otra ocasión? Me pregunté qué habría hecho Victor. ¿Cuándo era la ocasión apropiada de enviarle a una persona su propio mejor consejo?

Sacudí la cabeza, sintiéndome ridículo. Ahí estaba yo, queriendo ayudar a alguien a quien amaba profundamente, sosteniendo algo en la mano que tal vez podría ser de ayuda, y preguntándome si debería esperar a otra ocasión. Recordé a Victor diciéndome:

—Cuando sientes que estás haciendo algo por alguien, por favor, hazlo.

La noche siguiente, Carrie me miró con una sonrisa en el rostro.

—Ayer recibí esta carta maravillosa.

—¿Ah, sí?

—Sí, es la última de las que me escribí. Y, aunque parezca extraño, creo que las voy a echar de menos —dijo, con los ojos brillantes al mirarme.

—Tal vez sea así cuando te quedas sin papel.

# ⚜ **Despedida** ⚜

Tome su corazón, sus habilidades y su amor por lo que hace y póngalo a trabajar para usted y para las personas a las que sirve, llamados clientes. Consiga que se sientan orgullosos de que usted fue la persona a la que tuvieron la fortuna de conocer.

De todas las cosas que hacemos en la vida, nada es tan verdadero como lo que hacemos por los demás. Vender es nuestra oportunidad para llegar a personas más allá de nuestro alcance y para convertirnos en algo más que el profesional medio realizando una tarea ardua.

Las ventas siempre llegan, pero hay que ser conscientes de que hay que trabajar duro en cuanto a las relaciones. Sea lo que sea lo que llevemos a cabo, vale la pena recordar que siempre es en nombre de alguien más.

Eso está bien, tanto a título personal como profesional. Y ése ha de ser nuestro objetivo: vivir conscientes, con espíritu y energía, expresando gozo en nombre de algo llamado venta. Hagamos que sea algo que valga la pena para alguien más aparte de nosotros. Demos y tomemos como si se tratase de un precioso don.

Cuando nuestros ojos saluden a los del cliente con satisfacción, como hace la luz sobre un reflejo, y cuando las sonrisas se intercambien como una suave brisa, entonces sabremos que estamos donde debemos y queremos estar, y por ello, nosotros, los vendedores, nos sentiremos felices.

En cuanto al libro, *El zen de la venta*, mi nombre aparece en la portada, pero el libro es todo suyo. Úselo, diviértase con él y vuelva a leer sus historias favoritas, para usted y para sus amigos.

Cuídese.